Discipulat axé sur la Mission

**Un moyen de mobilisation efficace
de l'Église pour la mission
en Afrique Francophone**

Simon Pierre Gatera

/VTR

Publications

ISBN 978-3-941750-11-1

VTR Publications
Gogolstr. 33, 90475 Nuremberg, Allemagne
info@vtr-online.com, http://www.vtr-online.com.

Sauf avis contraire, les citations des versets bibliques proviennent de
La Sainte Bible, Version Louis Segond, Édition revue avec références,
Alliance Biblique Universelle, 2001.

Illustration de couverture : VTR Publications

TABLE DES MATIÈRES

ABRÉVIATIONS

A. LIVRES DE LA BIBLE

Ancien Testament

Gen	Genèse	Ec	Ecclésiaste
Ex	Exode	Ct	Cantique des cantiques
Lv	Lévitique	Es	Ésaïe
Nb	Nombres	Jér	Jérémie
Dt	Deutéronome	Lam	Lamentations
Jos	Josué	Ez	Ézéchiel
Jg	Juges	Dan	Daniel
Rt	Ruth	Os	Osée
1S	1 Samuel	Joël	Joël
2S	2 Samuel	Am	Amos
1R	1 Rois	Ab	Abdias
2R	2 Rois	Jon	Jonas
1Ch	1 Chroniques	Mi	Michée
2Ch	2 Chroniques	Nah	Nahoum
Esd	Esdras	Hab	Habaquq
Néh	Néhémie	So	Sophonie
Est	Esther	Ag	Agée
Job	Job	Za	Zacharie
Ps	Psaumes	Mal	Malachie
Pr	Proverbes		

Nouveau Testament

Mt	Matthieu	1Cor	1 Corinthiens
Mc	Marc	2Cor	2 Corinthiens
Lc	Luc	Ga	Galates
Jn	Jean	Eph	Éphésiens
Act	Actes des Apôtres	Ph	Philippiens
Rom	Romains	Col	Colossiens
1Th	1 Thessaloniciens	1Pi	1 Pierre
2Th	2 Thessaloniciens	2Pi	2 Pierre

1Tim	1 Timothée		1Jn	1 Jean
2Tim	2 Timothée		2Jn	2 Jean
Tit	Tite		3Jn	3 Jean
Phm	Philémon		Jud	Jude
Hébr	Hébreux		Ap	Apocalypse
Jc	Jacques			

B. AUTRES ABRÉVIATIONS

A.T.	Ancien Testament
Av. J.C.	Avant Jésus-Christ
Cath.	Catholiques
Char.	Charismatiques
Con.	Conakry
Congo B.	Congo Brazzaville
Chrét.	Chrétien
Ev.	Évangéliques
Ibid	Ibidem, dans le même ouvrage
Kin.	Kinshasa
Miss.	Missionnaire
Musul.	Musulmans
N.T.	Nouveau Testament
Op. cit.	Opere citato, dans l'ouvrage, déjà mentionné
P.	Page
Prot.	Protestant
R.C.I.	République de Côte d'Ivoire
R.D.C	République Démocratique du Congo
Rel.	Religion
Tot.	Total
Trad.	Traditionnel

DÉDICACE

À toutes les Églises qui soutiennent la mission dans le monde
À toutes les institutions missionnaires,
Je dédie ce livre.

AVANT-PROPOS

Je veux tout d'abord rendre grâce à Dieu pour toutes les bénédictions dont j'ai été le bénéficiaire durant la rédaction de ce livre.

C'est pour répondre à de nombreuses difficultés rencontrées, d'une part, dans mes préoccupations pastorales, théologiques et missiologiques dans différents pays, et d'autre part, dans la recherche sur les méthodes adéquates d'enseignement aux chrétiens que j'ai écrit ce livre. Mes anciennes recherches dans le domaine de la culture et dans celui des méthodes d'enseignement biblique utilisées dans différentes Églises et ma réflexion missiologique de fin d'études à Ouagadougou m'ont amené à la conception du cours intitulé « Discipulat Imprégné de Missiologie », cours dispensé dans le même Institut.

Je tiens à exprimer ma vive reconnaissance à Joël Gray, Directeur de l'Institut qui m'a invité à y enseigner ce cours et à mes étudiants des différentes promotions qui m'ont encouragé par leurs appréciations du contenu.

Une profonde gratitude revient au Dr. Hannes Wiher, l'un de mes professeurs de missiologie. Ses conseils et ses actions ont été d'une importance considérable pour la relecture, la mise en forme et l'impression de ce livre.

J'exprime ma vive reconnaissance à tous mes anciens professeurs et à tous ceux qui ont contribué à mes études pédagogiques, théologiques et missiologiques sans lesquelles ce livre n'aurait pu voir le jour.

Je ne pourrais oublier d'adresser mes sincères remerciements à mon épouse Marie Goretti, à mes filles Esther et Grâce, pour la lecture du manuscrit et la dactylographie.

PRÉFACE

Ce livre remarquable de Simon Pierre Gatera nous rappelle le fait que Jésus-Christ est venu sur cette terre pour mettre en route un mouvement de discipulat et d'implantation d'Églises. Simon Pierre Gatera nous dessine Jésus-Christ comme missionnaire, envoyé par son Père pour commencer un mouvement missionnaire. Il le fait à travers la stratégie d'un discipulat axé sur la mission. À cet effet Jésus-Christ a choisi douze disciples, a vécu intimement avec eux pendant trois ans, les a instruits dans la théorie de la mission et les a mis au travail, deux à deux. Bien que nous ayons l'impression qu'ils n'aient pas compris grand chose du vivant de leur Maître, après Pentecôte, chacun des disciples est devenu un missionnaire à son tour : selon la tradition, Matthieu est parti en Syrie, Marc en Égypte, Thomas en Inde, etc. Les disciples et les chrétiens qui se sont convertis à travers eux ont compris que le baptême implique un appel au partage de ce qu'ils avaient vécu dans la marche intime avec le Christ. Des Églises ont ainsi vu le jour un peu partout et ont commencé à se multiplier. C'est ce que nous appelons un mouvement d'implantation d'Églises. À la base de ces mouvements, il y a eu un travail sérieux de discipulat axé sur la mission effectué par les missionnaires auprès de leur peuple non-atteint. Malheureusement, cette vision et ce sérieux au travail de discipulat manquent souvent. Simon Pierre Gatera comble donc une lacune, et il le fait d'une manière tout à fait compétente. Nous souhaitons que son livre soit diffusé à une grande échelle pour que la vision d'un discipulat axé sur la mission voie le jour en Afrique francophone et au-delà.

Berne, le 22 avril 2008   Hannes Wiher

INTRODUCTION

Depuis la fin du 20ème siècle, on parle beaucoup du terme *discipulat* ; mais sa compréhension reste floue et sa mise en pratique dans nos Églises en Afrique Francophone n'est ni effective ni satisfaisante. Les chrétiens devraient prendre conscience, qu'en tant que disciples de Jésus, ils sont dans le processus de ressembler à leur Maître. Ils devraient être des témoins vivants dans toute la société et influencer le changement des mentalités dans notre monde de plus en plus corrompu. La vie chrétienne doit être vécue en comportement, en actes et en paroles. En formant ses disciples, Jésus visait un objectif essentiel : les voir s'engager dans la mission.

Depuis l'époque coloniale, les Églises chrétiennes en Afrique Francophone utilisent des méthodes d'enseignement moins interactives basées sur des principes qui ne tiennent pas compte de la culture des peuples ; ce qui engendre des chrétiens syncrétistes. Lorsque c'est le moment de l'Église, ils se montrent chrétiens, et quand le moment de l'idolâtrie arrive, ils sont idolâtres.

Comme on le remarque dans le contenu et les méthodes, l'accent est mis sur le savoir alors que la formation de l'être et du faire (la pratique) y est négligée. Pire encore, la formation à la mission est quasi absente, alors que celle-ci est le fondement même de la Bible. Un disciple qui reçoit un enseignement tronqué n'est pas efficace.

Ce livre interpelle les dirigeants chrétiens de nos Églises pour qu'ils prennent conscience de la nécessité de revoir le contenu et les méthodes d'enseignement de façon à produire des chrétiens matures engagés dans la mission ou, en d'autres termes, des chrétiens imprégnés de missiologie.

Ce livre propose un essai de programme de discipulat qui s'intéresse également à une formation à la mission pour les Églises locales, sur une durée de plusieurs années.

Son contenu repose sur les principes suivants :

a) L'étude de la mission est encore négligée par beaucoup d'Églises.

b) L'Afrique Francophone, notamment de l'Ouest, connaît des défis importants dans le domaine de la mission.

c) La mission est le fondement de la Bible comme elle est la mère de la théologie.

d) L'enseignement de Jésus à ses disciples comprenait la théorie et la pratique de la mission.

e) On ne peut pas être un vrai disciple de Jésus sans s'impliquer activement dans la mission d'une façon ou d'une autre.

f) L'unité voulue par Jésus en Jean 17 doit être effective et vécue dans la mission au travers d'un partenariat efficace entre les chrétiens de différentes régions et différents continents.

g) Toute Église locale devrait avoir un programme détaillé de discipulat qui tient compte de la mission sous tous ses aspects.

h) Un vrai disciple doit chercher à ressembler à son maître.

i) Une éducation chrétienne comprenant la mission bien ordonnée est le meilleur moyen pour mobiliser l'Église à répondre à l'ordre de mission de Jésus.

Depuis l'Ancien Testament, la volonté de Dieu est de sauver toutes les nations du monde comme nous le décrit le psalmiste :

« Que Dieu nous accorde la grâce et qu'Il nous bénisse, qu'Il fasse briller sur nous sa face ; afin que l'on connaisse sur la Terre ta voie et parmi toutes les nations ton salut » (Ps 67.2-3)

L'ordre de Jésus est celui d'aller et de faire des disciples. (Mt 28.19-20)

CHAPITRE I

LA MISSION EN AFRIQUE FRANCOPHONE

Dans ce chapitre, nous voulons exposer brièvement, mais de façon chiffrée, la situation de la mission dans les pays d'Afrique Francophone qui partagent beaucoup d'éléments historiques. Nous chercherons à comprendre les causes qui sont à la base des difficultés dans l'évangélisation, à saisir les opportunités et les défis actuels. La définition de certains termes missiologiques s'avèrera nécessaire pour une bonne compréhension. Ce chapitre comprend trois parties principales :

⇨ Les définitions des termes missiologiques,

⇨ un aperçu historique de la mission en Afrique Francophone et

⇨ la situation de la mission en Afrique Francophone au début du 21ème siècle.

1.1. DEFINITIONS DES TERMES MISSIOLOGIQUES

Il s'agit de donner la signification de quelques termes essentiels que nous rencontrons dans la mission.

1.1.1. Mission

Selon le Grand Larousse, le terme mission vient du latin « *missio* » qui signifie *action d'envoyer*. Il s'agit d'une charge confiée à quelqu'un dans le but d'accomplir une tâche définie.

Selon Reuben Ezemadu, la mission, c'est la

« Proclamation de l'Évangile dans notre environnement parmi les peuples non évangélisés sur la terre ». Il s'agit non seulement d'évangéliser nos voisins immédiats mais d'implanter des Églises là où elles n'existent pas[1].

Le Robert définit la mission comme la proclamation de l'Évangile aux non convertis n'importe où selon l'ordre du Christ[2] ;

Dans notre contexte chrétien et d'après ces définitions, nous pouvons définir la mission comme un partage de la Bonne Nouvelle du salut en Jésus Christ avec tous ceux qui ne sont pas encore membres du Royaume de Dieu partout où ils sont dans le monde, en vue de les transformer en disciples de Jésus. Ainsi définie, la mission devrait non seulement conduire les gens à se convertir à Christ, mais aussi et surtout changer leur vie par un processus de formation les amenant progressivement à devenir comme leur Seigneur.

---

[1] R. EZEMADU, *Missions and You. Discipling the Nations*, Ibadan, 1978, p. 3.

[2] Cf. R. GLOVER, *Mission on the Move in the Local Church*, 1989, p. 13.

1.1.2. Missionnaire

Partant du fait que le terme mission renferme l'idée de l'action d'envoyer, *un missionnaire* est un envoyé. Dans le contexte chrétien, un missionnaire est un envoyé, un messager de Dieu pour proclamer la Bonne Nouvelle du salut en Jésus Christ. Dans ce sens, Jésus lui-même a été envoyé par le Père, devenant ainsi missionnaire. Les disciples ont été envoyés par Jésus et sont devenus des missionnaires de la Bonne Nouvelle.

Avec l'évolution de la missiologie, qui veut mettre l'accent sur les peuples non-atteints par l'Évangile habitant souvent des régions éloignées des grands centres et caractérisés par des cultures et des langues spécifiques, certains missiologues définissent le missionnaire comme étant « une personne qui s'adapte à une autre culture afin d'accomplir les œuvres missionnaires »[3]. Roger S. Greenway trouve que « les missionnaires sont des personnes qui proclament l'Évangile là où les ténèbres spirituelles sont les plus profondes »[4]. Il note que ce terme s'inscrit d'abord dans le cadre de l'activité de Dieu lui-même. Dans la Bible, Dieu a envoyé ses prophètes pour être ses porte-parole auprès de son peuple (Jn 7.25; 25.4; 26.5; 29.19). Il a envoyé Jean-Baptiste pour annoncer Jésus (Jn 1.6-8). Il a envoyé Jésus, et ce dernier a envoyé les disciples (Jn 20.21). Toute Église qui ne veut œuvrer que dans sa culture n'accomplit pas totalement la mission, mais vit dans la désobéissance à son Maître[5].

S'adapter à une autre culture suppose un abandon momentané pour une autre culture. Pour bien s'acquitter de son devoir, le missionnaire doit avoir une formation missiologique.

1.1.3. Missiologie

Etymologiquement, la missiologie peut être définie comme la science de la mission ou parole au sujet de la mission. La missiologie est une science puisqu'elle comprend des faits se rapportant à la mission divine, à la mission de l'Église, présentée d'une façon bien ordonnée et logique. Dans cette optique, la missiologie peut être définie également comme une étude de la mission. Celle-ci doit partir de la compréhension spirituelle et logique du contenu biblique de la mission.

> Mais hélas, ceci ne suffit pas, car la réussite de l'œuvre missionnaire dépend des méthodes et des stratégies qui s'adaptent au contexte du peuple auquel l'Évangile est adressé. C'est-à-dire qu'il faut considérer l'histoire, l'époque et la culture de ce peuple et de la mission.

---

[3] Accelerating International Missions Strategies, *Mobiliser pour la mission*, Harvest Connection, s.d., p. 2 (dorénavant abrégé comme AIMS, *op. cit.*).

[4] R.S. GREENWAY, *Introduction à la mission chrétienne*, Cléon d'Andran, Excelsis, 2000, p.16.

[5] AIMS, *op. cit.*, p. 2.

De ce qui précède, nous donnons raison à celui qui définit la missiologie comme suit : « une réflexion intentionnelle sur l'œuvre missionnaire »[6]. La missiologie doit chercher à comprendre les bases bibliques de la mission, l'histoire de la mission et le peuple à évangéliser en vue de trouver des stratégies qui s'adaptent au contexte.

1.1.4. Évangélisation

Selon le Larousse, l'évangélisation est l'action d'évangéliser. Partant du mot Évangile, du grec *euaggelion*, (la bonne nouvelle), l'évangélisation peut être définie comme l'action de proclamer la Bonne Nouvelle du salut aux non-chrétiens en vue de les convertir à Jésus-Christ.

Actuellement, les missiologues distinguent quatre sortes d'évangélisation[7] :

1.1.4.1. *Évangélisation E-O :* Susciter la conversion ou le réveil chez des personnes membres d'une Église. Il s'agit des chrétiens nominaux.

Dans l'Église locale, il arrive souvent que des personnes baptisées assistent régulièrement aux réunions sans avoir vécu l'expérience de la vie éternelle en Jésus-Christ : en fait, ces personnes n'ont pas connu la nouvelle naissance. Ainsi, elles ont besoin d'être évangélisées.

1.1.4.2. *Évangélisation E-1 :* Établir un ministère dans sa ville ou sa région d'origine qui a une culture identique (évangélisation souvent désignée par « *Jérusalem et Judée* »). L'évangéliste évangélise un peuple de son ethnie qui parle la même langue que lui. Cette évangélisation cause moins de problèmes, car on évangélise des gens de sa propre culture et de sa propre langue. Mais il nous faut combattre notre égoïsme et penser aux autres cultures.

1.1.4.3. *Évangélisation E-2 :* Établir un ministère transculturel. Les deux cultures restent cependant similaires (évangélisation désignée par « *Samarie* »). Il s'agit ici d'évangéliser un peuple voisin dont la culture n'est pas très étrangère.

L'évangélisation peut être rendue facile par les points communs aux deux cultures voisines, mais il faut faire attention, car la différence sur quelques points culturels peut créer un grand obstacle à l'Évangile.

1.1.4.4. *Évangélisation E-3 :* Établir un ministère dans une culture très différente de sa propre culture (évangélisation désignée par l'expression « *les extrémités de la terre* »).

Cette évangélisation exige une préparation sérieuse du missionnaire qui doit bien connaître sa culture et la culture du peuple à évangéliser. Il existe encore beaucoup de peuples non-atteints, et l'Église a le devoir de former et d'envoyer des missionnaires en vue de relever ce défi.

---

[6] J. GRAY, « Une introduction à la missiologie », cours dispensé à l'IMS, Ouagadougou, 2003-2004. Cf. Marc SPINDLER, «Missiologie anonyme et missiologie responsable », *La Revue Réformée* 34, 1983, p. 25, cité dans Jean-François ZORN, *La missiologie. Émergence d'une discipline théologique*, Genève, Labor et Fides, 2004, p. 13.

[7] AIMS, *op. cit.*, p. 2.

Nous parlons d'évangélisation d'un peuple. Qu'est-ce qu'un peuple ?

1.1.5. Peuple

Le terme peuple signifie communauté qui partage une même langue, une même ethnie et une même culture. C'est la cible stratégique des missions.

1.1.6. Peuple non-atteint

Un *peuple non-atteint* est un peuple où il n'existe pas d'Église autochtone viable, avec l'énergie, des ressources et un engagement suffisants pour soutenir et assurer l'implantation d'Églises.

Après avoir défini le terme *peuple*, il convient de présenter les peuples qui intéressent notre travail. Ceux-ci sont regroupés dans les pays de l'Afrique Francophone.

1.2. APERÇU HISTORIQUE DE L'AFRIQUE FRANCOPHONE

L'Afrique Francophone dont il est question dans notre réflexion comprend huit pays de l'Afrique Centrale, huit pays de l'Afrique Occidentale, trois pays des îles indiennes et un pays de l'Afrique Orientale. Il s'agit :

Pour l'Afrique Centrale
Le Burundi
Le Cameroun
La Centrafrique
Le Congo
Le Congo (R.D.C)
Le Gabon
Le Rwanda
Le Tchad

Pour l'Afrique Occidentale :
Le Bénin
Le Burkina Faso
La Côte d'Ivoire
La Guinée (Conakry)
Le Mali
Le Niger
Le Sénégal
Le Togo

Pour les îles indiennes :
Les Comores
Madagascar
La Réunion

Pour l'Afrique Orientale
Djibouti.

De façon générale, la mission est arrivée dans ces pays au cours du 19ème siècle; d'autres ont attendu la première moitié du 20ème siècle. Il faut noter cependant que certains pays ont connu la mission quelques siècles plus tôt. C'est le cas du Bénin, anciennement Dahomey, dont l'arrivée de la mission catholique a eu lieu au 17ème siècle, précisément en 1660[8].

Quels sont les facteurs à la base du retard de la mission et de l'évangélisation en Afrique Francophone ? La plupart de ces pays ont été colonisés par la France, à l'exception du Congo (R.D.C), du Burundi et du Rwanda colonisés par la Belgique. Or, ces deux puissances coloniales sont des pays dont la religion majoritaire est catholique romaine[9].

A l'époque coloniale, les missions protestantes ont eu de la peine à entrer dans des pays colonisés par les pays dont la religion principale était catholique romaine. La Côte d'Ivoire en est un exemple, comme nous le raconte James R. Krabill :

> « Une première tentative d'évangélisation par les protestants a lieu dans les années 1890 à l'Ouest du pays, à l'initiative des missions américaines en provenance du Libéria. Mais elle est stoppée par l'administration coloniale qui favorise plutôt les Catholiques romains »[10]

Cette pratique était généralisée dans les pays de l'Afrique de l'Ouest et de l'Afrique Centrale.

En ce qui concerne le Gabon, Krabill nous raconte que les missionnaires protestants de « l'American Board of Commissioners for Foreign Missions » avaient peur de travailler dans certains endroits car seuls les Catholiques y étaient autorisés[11].

Le même auteur nous dit que les Catholiques romains recevaient des conseils et de l'argent du pouvoir colonial[12].

Dans les colonies belges, la situation n'était pas différente. Nous pouvons citer le cas du Congo (R.D.C.) anciennement Congo Belge. Le roi belge Léopold, compte tenu de ses intérêts dans ce pays, n'acceptait que les missionnaires catholiques romains[13].

A cette difficulté s'ajoutait le problème de langue, car les Protestants venaient des pays surtout anglophones, ce qui ne favorisait pas le travail dans des pays francophones.

---

[8] J.R., KRABILL, *Nos Racines Racontées. Récits historiques sur l'Eglise en Afrique de l'Ouest*, Abidjan, Presses Bibliques Africaines, 1996, p. 39.

[9] P. JOHNSTONE, *Flashes sur le Monde. Un guide pour l'Intercession*, La Bégude de Mazenc, Farel, 1994, p.142 et 262.

[10] J.R. KRABILL , *op. cit.*, p. 145.

[11] J. HILDEBRANDT, *History of the Church in Africa*, Achimota, Africa Christian Press, 1996, p. 133-134.

[12] J. HILDEBRANDT, *op. cit.*, p. 134-135.

[13] J. HILDEBRANDT, *op. cit.*, p. 167.

Quoi qu'il en soit, quelques organisations missionnaires arriveront à s'installer et œuvrer dans ces pays. On peut se demander comment se présentent les résultats de la mission en Afrique Francophone au début de ce 21ème siècle.

1.3. SITUATION DE LA MISSION EN AFRIQUE FRANCOPHONE AU DÉBUT DU 21ème SIÈCLE

1.3.1. Présentation chiffrée des informations[14]

LES CHRÉTIENS EN AFRIQUE FRANCOPHONE

Pays	Population An 2000	Chrét. %	Cath. %	Prot. %	Ev. %	Char. %	Pent %	Miss.
1. R.D.C.	51 654 496	95,29	44,53	23,77	19,4	15,8	7,9	445
2. Congo	2 943 464	91,27	49,31	10,86	13,8	9,5	0,4	30
3. Burundi	6 695 001	90,06	57,17	12,61	21,0	13,4	9,5	36
4. Réunion	699 406	84,90	84,36	5,53	5,2	8,3	4,9	-
5. Rwanda	7 733 127	80,83	42,67	18,76	22,8	9,1	4,3	46
6. Gabon	1 226 127	77,93	54,24	9,83	14,2	17,6	5,0	27
7. Centrafr.	3 615 266	70,38	18,71	24,64	34,8	11,8	8,1	49
8. Cameroun	15 084 969	68,96	26,42	13,28	6,4	5,1	2,0	291
9. Togo	4 629 218	50,66	24,84	12,33	9,0	7,8	3,8	97
10. Madagascar	15 941 727	47,63	20,70	27,58	8,8	2,7	1,3	96
11. Bénin	6 096 539	31,78	20,74	5,48	4,2	6,1	2,7	66
12. R.C.I.	14 785 832	31,78	14,20	8,69	9,2	6,0	4,5	57
13. Tchad	7 650 982	27,78	6,56	12,92	13,5	2,4	0,8	92
14. Burkina	11 936 823	18,36	10,21	7,66	8,0	7,2	6,3	46
15. Sénégal	9 481 161	4,76	4,48	0,10	0,1	0,2	0	44
16. Guinée C.	7 430 346	4,72	1,75	0,96	1,0	0,5	0	27
17. Djibouti	637 634	4,67	1,40	0,07	0,1	0,1	0	-
18. Mali	11 233 821	1,92	0,98	0,81	0,8	0,2	0	95

---

[14] Les données de base ont été tirées de P. JOHNSTONE & J. MANDRYK, *Operation World*, Carlisle, Paternoster, 2001, et de AIMS, *op. cit.*

Pays	Population An 2000	Chrét. %	Cath. %	Prot. %	Ev. %	Char. %	Pent %	*Miss.*
19. Comores	592 749	**0,84**	0,63	0,14	0,1	0,1	0	-
20. Niger	10 730 102	**0,40**	0,18	0,12	0,1	0,1	0	45
Total	**190 798 290**							1 589

La liste suit l'ordre décroissant et va du pays le plus christianisé (**R.D.C.**) au pays le moins christianisé (**NIGER**)

Figure 1

LES RELIGIONS NON-CHRÉTIENNES EN AFRIQUE FRANCOPHONE

Pays	Population	Musul %	Relig. Tradit. %	Sans Relig. %	Tot. %
1. Niger	10 730 102	97,59	2,00	-	99,59
2. Mali	11 233 821	87,00	10,98	0,10	98,08
3. Guinée K.	7 430 346	85,41	9,67	0,20	95,28
4. Djibouti	637 634	93,90	0,00	1,32	95,22
5. Sénégal	9 481 161	92,07	2,97	-	95,04
6. Comores	592 749	88,07	1,09	1,09	90,25
7. Burkina F	11 936 823	50,00	30,96	0,66	81,62
8. Tchad	7 650 982	55,00	16,00	0,17	71,17
9. Bénin	6 096 539	20,03	47,70	0,29	68,02
10. R.C.I.	14 785 832	38,60	29,07	0,25	67,92
11. Madagascar	15 941 727	7,00	44,77	0,41	52,18
12. Togo	4 629 218	24,00	24,34	1,00	49,34
13. Cameroun	15 084 969	25,00	4,54	0,60	30,14
14. Centrafr.	3 615 266	15,60	12,80	0,89	29,29
15. Gabon	1 226 127	6,50	13,48	2,00	21,98
16. Rwanda	7 733 127	10,50	3,97	4,50	18,97
17. Burundi	6 695 001	3,00	6,72	0,06	9,78
18. Réunion	699 406	2,15	0,00	6,18	8,33

Pays	Population	Musul %	Relig. Tradit. %	Sans Relig. %	Tot. %
19. Congo Br.	2 943 464	1,30	4,83	2,16	8,24
20. R.D.C.	51 654 496	1,10	2,44	0,56	4,10

La liste suit l'ordre décroissant et va du pays le moins christianisé (**NIGER**) au pays le plus christianisé (**R.D.C.**)

Figure 2

AFRIQUE OCCIDENTALE FRANCOPHONE

Situation des chrétiens

	Population	Chrét. %	Cath. %	Prot.%	Ev. %	Char %	Pent. %	Miss
1. Togo	4 629 218	**50,66**	24,84	12,33	9,0	7,8	3,8	97
2. Bénin	6 096 539	**31,78**	20,74	5,48	4,2	6,1	2,7	66
3. R.C.I.	14 785 832	**31,78**	14,20	8,69	9,2	6,0	4,5	57
4. Burkina	11 936 823	**18,36**	10,21	7,66	8,0	7,2	6,3	46
5. Sénégal	9 481 161	**4,76**	4,48	0,10	0,1	0,2	-	44
6. Guinée C.	7 430 346	**4,72**	1,75	0,96	1,0	0,5	-	27
7. Mali	11 233 821	**1,92**	0,98	0,81	0,8	0,2	-	95
8. Niger	10 730 102	**0,40**	0,18	0,12	0,1	0,1	-	45
Total	**76 323 842**							477

On remarque qu'en Afrique de l'Ouest le **Togo** est le plus christianisé avec 50,66% et le **Niger** est le moins christianisé avec 0,40%.

Figure 3

AFRIQUE CENTRALE FRANCOPHONE

Situation des Chrétiens

Pays	Population	Chrét. %	Cath. %	Prot. %	Ev. %	Char.%	Pent.%	Miss.
1. R.D.C	51 654 496	**95, 29**	44, 53	23, 77	19, 4	15, 8	7, 9	445
2. Congo B.	2 943 464	**91, 27**	49, 31	10, 86	13, 8	9, 5	0, 4	30
3. Burundi	6 695 001	**90, 06**	57, 17	12, 61	21	19, 4	9, 5	36
4. Rwanda	7 733 127	**80, 93**	42, 67	18, 76	22, 8	9,1	4, 3	46
5. Gabon	1 226 127	**77, 93**	54, 24	9, 83	14, 2	17, 6	5, 0	27

Pays	Population	Chrét. %	Cath. %	Prot. %	Ev. %	Char.%	Pent.%	Miss.
6. Centrafr.	3 615 266	**70, 38**	18, 71	24, 64	34, 8	11, 8	8, 1	49
7. Cameroun	15 084 969	**68, 96**	26, 42	13, 28	6, 4	5, 1	2, 0	291
8. Tchad	7 650 982	**27, 78**	6, 56	12, 92	13, 5	2, 4	0, 8	92
TOTAL	**96 602 932**							**1 016**

On remarque que le **Congo (R.D.C)** est le plus christianisé en Afrique Centrale avec 95,29% et que le **Tchad** est le moins christianisé avec 27,78%

Figure 4

AFRIQUE CENTRALE

Situation de l'Islam, Religions Traditionnelles et les Sans Religion

Pays	Population	Musul. %	Rel. Trad. %	Sans relig. %	Total%
1. Tchad	7 650 482	55,00%	16,00%	0,17%	**71,17%**
2. Cameroun	15 084 969	25,00%	4,54%	0,60%	**30,14%**
3. Centrafr.	3 615 266	15,60%	12,80%	0,89%	**29,29%**
4. Gabon	1 226 127	6,50%	13,48%	2,00%	**21,98%**
5. Rwanda	7 733 127	10,50%	3,97%	4,50%	**18,97%**
6. Burundi	6 695 001	3,00%	6,72%	0,06%	**9,78%**
7. Congo B.	2 943 464	1,30%	4,83%	2,16%	**8,29%**
8. R.D.C.	51 654 496	1,10%	2,44%	0,56%	**4,10%**
Total	**96 602 932**				

Cette figure nous présente les défis de la mission en Afrique Centrale Francophone par ordre décroissant. Le pays le plus concerné est le **Tchad**

Figure 5

AFRIQUE OCCIDENTALE

Situation de l'Islam, Religions Traditionnelles et les Sans Religion

Pays	Population	Musul. %	Relig. Tradit. %	Sans Relig. %	Total
1. Niger	10 730 102	97,59 %	2,00 %	-	**99,59 %**
2. Mali	11 233 821	87,00 %	10,98 %	0,10 %	**98,08 %**

5. Burkina F.	11 936 823	50,00 %	30,96 %	0,66 %	**81,62 %**
6. Bénin	6 096 536	20,03 %	47,70 %	0,29 %	**68,02 %**
7. R.C.I.	14 785 832	38,60 %	29,07 %	0,25 %	**67,92 %**
8. Togo	4 629 218	24,00%	24,34 %	1,00 %	**49,34 %**
Total	**76 323 842**				

Cette figure nous présente les défis de la mission en Afrique Occidentale Franco-phone par ordre décroissant, le **Niger** étant au premier plan.

Figure 6

COMPARAISON ENTRE L'AFRIQUE CENTRALE ET L'AFRIQUE OCCIDENTALE

Population	A. C. A. O.	**96 602 932** **76 323 842**	**Tot. 172 926 774**
Chrétiens	A. C. A. O.	**75,31%** **18,04%**	72 751 668 13 768 821
Catholiques	A. C. A. O.	**37,45%** **9,67%**	36 177 798 7 380 515
Protestants	A. C. A. O.	**15,83%** **4,51%**	15 292 244 3 442 205
Evangéliques	A. C. A. O.	**18,23%** **4,05%**	17 610 714 3 091 115
Charismatiques	A. C. A. O.	**11,33%** **3,51%**	10 945 112 2 678 966
Pentecôtistes	A. C. A. O.	**4,75%** **2,16%**	4 588 639 1 648 594
Missionnaires	A. C. A. O.	**0,001%** **0,0006%**	1 016 477
Musulmans	A. C. A. O.	**14,75%** **61,83%**	14 248 932 47 191 031
Religion Traditionnelle	A. C. A. O.	**8,09%** **19,71%**	7 815 177 15 043 429
Sans Religion	A. C. A. O.	**1,36%** **0,31%**	1 313 799 236 603

A. C. = Afrique Centrale
A. O. = Afrique Occidentale

Figure 7

AFRIQUE FRANCOPHONE : RÉSUMÉ

Désignation	Pays	Chiffre	%
Population	A. C. A. O. Autres	96 602 932 76 323 842 17 871 516	
Chrétiens	A. C. A. O. Autres	72 751668 13 768 821 8 221 595	75, 31 18, 04 46, 00
Catholiques	A. C. A. O. Autres	36 177 798 7 380 515 3 502 615	37, 45 9, 67 21, 83
Protestants	A. C. A. O. Autres	15 292 244 3 442 205 4 436 680	15, 83 4, 51 24, 82
Evangéliques	A. C. A. O. Autres	17 610 714 3 091 115 1 440 706	18, 23 4, 05 8, 06
Charismatiques	A. C. A. O. Autres	10 945 112 2 678 966 489 705	11, 33 3, 51 2, 74
Pentecôtistes	A. C. A. O. Autres	17 588 639 1 648 594 241 512	4,75 2,16 1,35
Missionnaires Envoyés	A. C. A. O. Autres	1 016 477 96	0,001 0,0006 0,0005
Musulmans	A. C. A. O. Autres	14 248 932 47 191 031 2 315 003	14,75 61,83 12,93
Religions Traditionnelles.	A. C. A. O. Autres	7 815 177 15 043 429 7 137 111	8,09 19,71 39,93
Sans Religion	A. C. A. O. Autres	1 313 799 236 603 6 460	1,36 0,31 0,03

Autres : Il s'agit de Madagascar, La Réunion, Djibouti et les îles Comores.

Figure 8

AFRIQUE FRANCOPHONE

DÉFIS

Désignation	Afrique Centrale	Afrique Occidentale	Madagascar, Réunion, Djibouti, Comores	Total
Population	96 602 932	76 323 842	17 871 516	190 798 290
Musulmans	14 248 932	47 191 031	2 311 003	63 750 966
Religions Trad.	7 815 177	15 043 429	7 137 111	29 995 717
Sans Religion	1 313 799	236 603	6 460	1 556 862
Chrét. Nominaux	48 501 112	9 179 214	5 481 063	63 161 389
Tot. Non-Chr.	23 377 908	62 471 063	9 454 574	95 303 545
Pourcentage	32, 13%	81, 84%	49, 94%	49, 94%
Tot Non-Chrét. et Chrét. Nominaux	71 879 020	71 650 277	14 935 637	158 464 934
Pourcentage	74, 40%	93, 87%	83,57 %	83, 05%

Figure 9

1.3.2. EXPLICACTION DES FIGURES

1.3.2.1. Les chrétiens en Afrique Francophone

En observant ces chiffres, nous constatons ce qui suit :

Sur une population de 190 798 290 habitants, les chrétiens sont 94 742 084 soit 50%. Il s'agit de considérer toutes les confessions confondues : Catholiques, Protestantes, Evangéliques, Charismatiques, Pentecôtistes, Eglises Indépendantes, etc. Dans ce travail, nous voulons diviser les chrétiens en 2 groupes principaux : les chrétiens engagés et les chrétiens nominaux.

Les chrétiens engagés

Par chrétiens engagés, nous voulons parler des vrais convertis à Jésus dont la vie a été transformée, sanctifiée par le Saint-Esprit. De tels chrétiens non seulement ont accepté Jésus comme leur Sauveur mais aussi comme leur Seigneur (Act 2.36). Ils obéissent à la Parole de Jésus et sont convaincus qu'ils sont devenus enfants de Dieu, participant ainsi à la vie éternelle (Jn 1.12; Jn 3.16). Leur but dans ce monde est de mener une vie qui rend gloire à Dieu. Bref, ce sont des disciples de Jésus (Lc 9.23). Y a-t-il donc des chrétiens qui ne sont pas des disciples de Jésus ?

Les chrétiens nominaux

Les chrétiens nominaux sont des personnes qui sont membres de l'Église locale comme on peut l'être d'une société, sans avoir rencontré personnellement le Seigneur Jésus. Ce sont des gens qui n'ont pas reçu le vrai Évangile ou dont le christianisme est resté très superficiel. Nous trouvons également des chrétiens qui sont des syncrétistes religieux tout en étant membres de l'Église. Ils continuent la pratique de la religion traditionnelle et vivent dans le péché.

La superficialité et le syncrétisme religieux sont le résultat d'une présentation de l'Evangile qui ne tient pas compte de la culture d'un peuple, mais aussi d'un manque d'enseignement profond de la Parole de Dieu. De plus, les méthodes souvent utilisées ne s'appliquent pas à la vie quotidienne. Selon AIMS, 10% des chrétiens sont engagés, et 20% ne le sont pas. Ceci veut dire que deux chrétiens sur trois sont des chrétiens nominaux. Ce qui explique que dans notre contexte, sur les 94 742 084, environ 63 161 389 sont des chrétiens de nom. Il leur faut un enseignement de base et un discipulat appropriés. Par *discipulat*, il faut comprendre un enseignement biblique qu'on donne à un converti pour qu'il connaisse mieux Jésus. Cet enseignement lui permettra de Le suivre comme il faut, tout en vivant un processus normal de transformation et de maturation par la Parole de Dieu et le Saint-Esprit.

1.3.2.2. Les non-chrétiens en Afrique Francophone

Les non-chrétiens, dont la plupart se trouvent en Afrique Occidentale, ont été subdivisés en trois groupes qui constituent les défis de l'évangélisation: Les musulmans, les religions traditionnelles africaines et les chrétiens nominaux. Les musulmans et les religions traditionnelles africaines sont les groupes les plus connus comme cible d'évangélisation. Néanmoins, nous avons constaté que le groupe des chrétiens nominaux constitue un défi important à relever, car ils ont besoin d'une réévangélisation adéquate jointe à une prière efficace de délivrance.

En additionnant les non-chrétiens et les chrétiens nominaux, nous trouvons 74,40% en Afrique Centrale et 93,87% en Afrique Occidentale. Ceci explique la nécessité de changer les méthodes d'évangélisation et d'enseignement biblique.

1.3.2.3. Les peuples non-atteints en Afrique Francophone

Nous avons déjà défini ce qu'est un peuple non atteint. Parmi les non-chrétiens, il y a des personnes provenant de groupes ethniques ayant des Églises vivantes capables d'implanter d'autres Églises ; tandis que d'autres proviennent de groupes ethniques ne remplissant pas ces conditions. La grande partie de ces personnes sont musulmanes ou animistes et vivent dans des villages ou des coins reculés par rapport aux cités.

Souvent ces peuples sont négligés. Les Églises sont concentrées en ville alors que notre Seigneur Jésus-Christ nous a ordonnés d'aller jusqu'aux extrémités de la terre.

1.3.2.4. Les missionnaires en Afrique Francophone

Comme l'indique la figure numéro 1, au début du 21ème siècle, l'Afrique francophone compte environ 1589 missionnaires africains dont un grand nombre travaille dans leur pays. En fait, il y a un missionnaire pour 59 977 personnes à évangéliser. Cette situation est alarmante, car il est impossible à un seul missionnaire de s'occuper d'autant de monde.

Supposons maintenant qu'un missionnaire encadre une population de 300 non-chrétiens, ce qui n'est pas idéal non plus, il faudrait alors 317 678 missionnaires, uniquement pour les 20 pays francophones pris en considération.

Comment réaliser ce projet avec tant de chrétiens qui ne sont pas des disciples et qui ignorent tout de la mission transculturelle ? En Afrique, la formation missionnaire a été longtemps négligée alors que celle-ci est le fondement même de la Bible.

CHAPITRE II

LES BASES BIBLIQUES DE LA MISSION

2.1. INTRODUCTION

En Afrique, la mission a été confondue avec l'évangélisation faite par les Blancs occidentaux ayant des moyens financiers et matériels considérables. Il en résulte que beaucoup de pasteurs ne s'intéressent qu'à l'évangélisation de leurs compatriotes notamment de leur tribu. La mission transculturelle reste quasi ignorée.

Sous ce titre, nous voulons voir comment la mission est la mère de la théologie, voir comment de l'Ancien au Nouveau Testaments, la Bible s'intéresse particulièrement à la mission qui consiste à sauver toutes les nations comme nous le dit le Psalmiste:

« Afin que l'on connaisse sur la terre ta voie, et parmi toutes les nations ton salut! Les peuples te célèbrent, ô Dieu! Tous les peuples te célèbrent » (Ps. 67.3).

Pour des raisons d'ordre pédagogique, nous présenterons les bases bibliques de la mission et systématiserons la missiologie.

2.2. LA MISSION DANS L'ANCIEN TESTAMENT

La mission de Dieu est exprimée dans différents livres de l'Ancien Testament : Pentateuque, les livres historiques, les livres poétiques et les prophètes.

2.2.1. L'homme, une créature spéciale.

Les êtres humains sont différents des autres créatures. Ils sont créés à l'image de Dieu et sont capables de communiquer avec lui. (Gen 1.2-3).

À la création, l'homme a été le seul être vivant que Dieu a façonné et en qui il a insufflé le souffle de vie (Gen 2 .7). Tous les êtres humains ont une grande valeur aux yeux de Dieu. Cette importance leur confère une responsabilité devant leur créateur. Et ils devront rendre des comptes à Dieu (Rom 14.12). L'homme ne pourra pas disparaître le jour de sa mort, car il est prévu deux résurrections, une pour les croyants en Jésus et une autre pour ceux qui n'auront pas accepté le salut en Jésus (1Thes 4.16; Ap 20.4-5).

2.2.2. L'homme séparé d'avec Dieu.

Genèse 3 nous raconte comment les premiers êtres humains Adam et Eve sont tombés dans le péché en désobéissant à Dieu. La Bible nous dit que l'homme a été chassé du jardin d'Eden (Gen 3.23). La mort spirituelle de l'homme, cette séparation d'avec Dieu, a mis fin à sa communion avec Dieu. C'est ainsi que la race humaine a été corrompue par le péché. En outre, la terre entière a subi les effets du péché de l'homme. Les hommes continuent à se détourner de leur Dieu alors que le salaire du péché, c'est la mort (Rom 3.23). Les onze premiers chapitres de la Genèse relatent le développement et la rébellion de l'humanité qui ont entraîné le déluge et la confusion du langage des hommes lors de la construction de la Tour de Babel, une preuve que le cœur a été corrompu par le péché.

2.2.3. Le chemin du salut

Genèse 3 rapporte que Dieu a fait le premier pas pour rechercher l'homme dans le jardin et a lancé le premier appel missionnaire: « *Adam, où es-tu ?* » (Gen 3.8-9). Cet appel a été suivi par la manifestation de l'amour de Dieu, lorsque celui-ci a confectionné des habits de peau pour revêtir Adam et Eve (Gen 3.21). Dieu lui-même s'est comporté en missionnaire.

Au cours de l'histoire de l'humanité, Dieu n'a cessé de répéter cet appel par l'intermédiaire de ses serviteurs et de manifester son amour à l'homme.

2.2.4. La Mission : fondement de la Bible

Le plan de Dieu de sauver l'homme pécheur est annoncé dans Genèse 3.15:

> « Je mettrai l'inimitié entre toi (le serpent) et la femme, entre ta descendance et sa descendance : celle-ci t'écrasera la tête et tu lui écraseras le talon ».

Ce passage prédit déjà la naissance de Jésus, sa crucifixion et sa victoire sur Satan. Toutes les promesses de l'Évangile sont fondées sur ce verset biblique. Le reste de la Bible concerne l'exécution et l'accomplissement de ce plan jusqu'au jour où les rachetés se réjouiront avec leur Sauveur et Seigneur (Ap 5.9).

La Bible doit être considérée comme l'histoire de la mission de Dieu. En effet, Dieu ne veut pas abandonner l'homme créé à son image. La Bible présente le côté négatif de l'homme rebelle, mais aussi tous les efforts entrepris par Dieu en vue de racheter l'homme perdu, du livre de la Genèse à celui de l'Apocalypse.

2.2.5. Abraham, missionnaire de Dieu

Nous avons déjà vu qu'un missionnaire est un envoyé et que celui-ci doit avoir une tâche définie à remplir. En Genèse 12.1-3, Dieu choisit Abraham[1] qui devait quitter son pays, l'ancienne Babylone, pour se rendre au pays de Canaan pour y faire connaître le Dieu Créateur des cieux et de la terre. La promesse faite à Abraham concerne la mission de Dieu dans le monde :

> « Toutes les familles de la terre seront bénies en toi » (Gen 12.14).

---

[1] À cette époque, Abraham s'appelait Abram.

L'ordre qui lui a été donné était celui d'aller. C'est un appel missionnaire : Abraham a dû rencontrer des problèmes culturels dans ce nouveau milieu. Les familles de la terre ont dû attendre les bénédictions jusqu'à la venue du descendant d'Abraham, Jésus-Christ, le sauveur de tous les peuples (Lc 2.30-32). L'appel missionnaire d'Abraham était d'une importance capitale, car, déjà, Dieu voyait un grand évènement, celui de l'œuvre salvatrice de Jésus. Dans la Genèse, Dieu a répété plusieurs fois cette alliance pour montrer son importance pour l'humanité entière (Gen 12.1-3; 18.18; 22.15; 26.8; 28.13). Cet appel d'Abraham va s'étendre au peuple d'Israël.

2.2.6. Israël, un peuple appelé à être missionnaire

Les descendants d'Abraham ont formé le peuple d'Israël, un pays de la Palestine dont la situation géographique leur permettait d'influencer l'Asie, l'Afrique et l'Europe. La volonté de Dieu était celle de faire d'Israël un pays missionnaire pour que les autres nations abandonnent leurs faux dieux et croient en Lui, le Créateur de l'univers.

Le Psaume 67 est un exemple frappant d'un passage missionnaire de l'Ancien Testament :

> Que Dieu nous accorde la grâce et qu'il nous bénisse, qu'il fasse briller sur nous sa face. Afin que l'on connaisse sur la terre ta voie et parmi toutes les nations ton salut (Ps 67.2-3).

David demande à Dieu de bénir le peuple missionnaire d'abord, pour que toutes les nations de la terre connaissent la voie de Dieu et son salut. Deux stratégies ont été utilisées en vue d'accomplir cette mission :

Premièrement, les étrangers ont été attirés en Israël à cause de la réalité de la bénédiction de Dieu. En voici quelques exemples : Ruth la Moabite (Ruth 1.16-17), Naaman le syrien (2R 5.15), la reine de Saba (1R 10.1-9).

Il faut noter que le jour de la Pentecôte, il y avait à Jérusalem des hommes pieux venant de toutes les nations sous le ciel (Act 2.5). *La deuxième stratégie* consistait à envoyer le message de Dieu dans les pays étrangers. Il est bien question de mission dans l'Ancien Testament. Les voies de Dieu ne sont pas celles des hommes (Es 55.8). Dieu a utilisé des situations difficiles pour atteindre ses objectifs, comme celle de la captivité. Les jeunes Daniel, Schadrack, Meschac et Abed-Nego en sont des exemples frappants : ils ont été emmenés à Babylone comme captifs, mais en réalité, ils étaient missionnaires. Ils ont converti d'autres nations qui ont cru au vrai Dieu (Dan 3.28-30 ; Dan 6.26-29). Citons également Joseph qui a été une bénédiction en Egypte (Gen 41.37-49), Esther et Mardochée (Esther 9.26-10.1-3)[2].

Quant au prophète Jonas, Dieu l'a appelé pour aller convertir les païens de Ninive, la capitale de l'Empire assyrien de l'époque (8e siècle av. J.C.). Le prophète a refusé

---

[2] Centre missionnaire du Sahel, « Cours abrégé de Mission Mondiale », *op. cit.*

cet appel par égocentrisme et ethnocentrisme. Il ne voulait pas que ces Ninivites qui n'étaient pas de son peuple obtiennent le pardon de Dieu (Jonas 1.1-3 ; 4.1-5). Nous devons éviter une autre maladie d'ecclésio-centrisme qui veut qu'on serve Dieu uniquement dans son Église. L'histoire de Jonas montre que Dieu aime toutes les nations, raison pour laquelle Il tenait à ce que les Ninivites se repentent de leurs péchés ; et, quand ils l'ont fait, Dieu leur a pardonné (Jonas 3.10).

Le peuple d'Israël a essayé d'accomplir sa mission, celle de faire connaître Dieu aux autres peuples du monde, comme nous l'avons mentionné. Mais hélas, sa désobéissance nourrie de son ethnocentrisme ne lui a pas permis d'atteindre le but avant que Dieu n'envoie son Fils dans le monde[3].

2.3. LA MISSION DANS LE NOUVEAU TESTAMENT

Le Nouveau Testament est un livre pratique sur la mission. Nous trouvons la mission dans les quatre Évangiles, les Actes des Apôtres et dans les Épîtres. Le missiologue Johannes Verkuyl a écrit à propos du Nouveau Testament:

> Du début à la fin, le Nouveau Testament est un livre de mission. Il doit son existence même à l'œuvre missionnaire des Églises primitives, à la fois juive et helléniste. Les Évangiles sont en fait des enregistrements en direct de prédications missionnaires ; les Épîtres, quant à elles, ne sont pas tant une apologétique missionnaire que des outils véritables et utiles pour le travail missionnaire[4].

2.3.1. Jésus le missionnaire par excellence

La Bible précise que Jésus est venu accomplir la promesse de Dieu faite à Abraham (Lc 1.73). Comme l'a dit le vieux Siméon sous l'inspiration du Saint-Esprit, Jésus est venu pour être le salut de toutes les nations :

> Car mes yeux ont vu ton salut, que tu as préparé devant tous les peuples, lumière pour éclairer les nations et gloire de ton peuple, Israël (Lc 2.30-32).

D'abord, il faut comprendre que Jésus est un envoyé du Père (Jn 20.21). C'est un missionnaire qui a obéi à l'ordre d'aller. Il a quitté le ciel pour venir sur la terre. Remarquez que cette distance est impressionnante. De culture céleste, Jésus a dû s'adapter à une culture terrestre très différente. Son adaptation reste incomparable, car Il s'est incarné en devenant homme afin de pouvoir sauver ce dernier. Il a attendu trente ans avant de commencer son ministère, ce qui lui a permis de s'imprégner des cultures de son temps. Ses prédications et ses enseignements avec usage fréquent des paraboles et des exemples de la vie courante confirment notre propos (Mc 4.1-20; Lc 15.1-7; Lc 19.12-27).

---

[3] *Bible d'étude du Semeur 2000*, Société Biblique Internationale, Cléon d'Andran, 2001, p. 131.

[4] J. VERKUYL, *Contemporary Missiology*, Grand Rapids, Eerdmans, 1978, p. 102, cité par R.S. GREENWAY, *op. cit.*, p. 37.

Deuxièmement, il faut remarquer qu'au début de son ministère, Jésus a quitté Nazareth, là où il avait grandi, pour aller demeurer à Capernaüm, lieu appelé la Galilée des païens (Mt 4.13-15). Il est vrai que Jésus a prêché à ses compatriotes, les Juifs, dans les synagogues (Lc 4.16-19, 31-37), dans le temple (Lc 20.45-48) et en plein air (Mt 5.1-12) ; mais Jésus se préoccupait des païens également : les malades qu'il a guéris en Syrie (Mt 4.24-25) ; l'officier romain à Capernaüm (Mt 8.5-13); la femme cananéenne dans la région de Tyr et Sidon (Mt 15.21-28).

Alors qu'aujourd'hui beaucoup de dirigeants chrétiens préfèrent œuvrer en ville et parmi les riches, Jésus, dans sa mission, parcourait toutes les villes et tous les villages (Mt 9.35) et il n'oubliait pas les marginalisés (Lc 4.18-19). Jésus reste un missionnaire sans égal, car non seulement il a prêché et enseigné, mais il a subi le jugement de Dieu à la place de tous les pécheurs. Il est mort sur la croix afin que nous soyons pardonnés et Il est ressuscité pour que nous devenions justes devant Dieu pour ainsi bénéficier de la vie éternelle (Rom 6.3-4). Il serait incomplet de parler de la mission de Jésus sans parler de son contenu.

2.3.2. Le thème central de la mission de Jésus

Si nous voulons répondre à l'appel missionnaire, nous devons pouvoir définir avec précision le message à apporter aux différents peuples. Jésus est notre modèle. L'Évangile que Jésus prêchait était un *message destiné à tous les peuples. Le Royaume de Dieu était le thème central de son enseignement.*

Au début de son ministère, Jésus a parlé du royaume des cieux :

> Dès lors Jésus commença à prêcher et à dire : repentez-vous car le royaume des cieux est proche (Mt 4.17).

Le message de Jésus était simple. Marc rapporte le message de Jésus:

> Le temps est accompli et le royaume de Dieu est proche. Repentez- vous et croyez à la bonne nouvelle (Mc 1.14).

Dans ces enseignements, Jésus commençait souvent par « *le royaume de Dieu est semblable à* » ou « *le royaume des cieux est semblable à* » (Lc 13.18; Mt 2.1-2; 25.1-2). Il a parlé d'une place et d'un grand repas dans le royaume de Dieu (Jn 14.2; Lc 14.15)

Pour Jésus, le but principal dans ce monde serait de chercher premièrement le royaume de Dieu (Mt 6.33); pour Jésus, le royaume est le but de tout son enseignement (Lc 8.10). Les miracles qu'il faisait étaient des « *signes du royaume* ». Après sa résurrection, Jésus a parlé de ce qui concerne le royaume de Dieu (Act 1.3). Le royaume de Dieu doit être compris comme le règne, le gouvernement et la souveraineté de Dieu et non le territoire géographique. Il est clair que Jésus ne prêchait pas une confession ou une dénomination quelconque. Voilà pourquoi Jésus demande à Dieu de produire en tous ceux qui croyaient et qui croiraient en lui l'unité grâce à laquelle le monde reconnaîtra que Jésus a été envoyé par le Père et que celui-ci aime les croyants. L'unité des Églises et des organisations missionnaires permettra une expansion rapide de l'Évangile. Cette unité est possible car *le message est unique.* Comment les apôtres ont-ils répondu à l'ordre de Jésus ?

2.3.3. Les Apôtres et la mission

Les apôtres ont reçu l'ordre de continuer la mission de Jésus en ces termes :

> Allez, faites de toutes les nations des disciples, baptisez-les au nom du Père, du Fils et du Saint-Esprit, et enseignez-leur à observer tout ce que je vous ai prescrit (Mt 28.19-20).

Cette mission est une continuité de celle de Jésus qui s'est adressé à ses disciples en disant: «*Comme le Père m'a envoyé, moi aussi, je vous envoie*» (Jn 20.19-20)

Juste avant son ascension, Jésus a transmis son programme missionnaire à ses apôtres dans Actes 1.8 :

> « Mais vous recevrez une puissance, le Saint-Esprit survenant sur vous, et vous serez mes témoins à Jérusalem, dans toute la Judée, dans la Samarie, et jusqu'aux extrémités de la terre.»

Malheureusement, nous réalisons que les bénédictions spirituelles et matérielles ont empêché les disciples de s'acquitter de leur devoir d'aller en Judée et dans la Samarie. Ils ont préféré rester ensemble (Act 2.44-45). Il faudra attendre la mort d'Etienne et la persécution de l'Église pour que l'Évangile arrive à Samarie et dans d'autres régions :

> Ceux qui avaient été dispersés allaient de lieu en lieu, annonçant la bonne nouvelle de la parole (Act 8.4-8).

Des occasions douloureuses sont souvent utilisées par le Seigneur pour accomplir sa volonté. Les réfugiés obéissant à la voix de leur maître peuvent être des missionnaires exerçant un ministère béni. Les voies de Dieu sont insondables. Paul, ennemi de l'Évangile, a été appelé à devenir Apôtre de Jésus.

2.3.4. L'apôtre Paul, missionnaire des païens

Si nous citons l'exemple de Paul, ce n'est pas faute de serviteurs de Dieu dans le Nouveau Testament. Paul est un missionnaire modèle dans plusieurs domaines. Bénéficiant de la meilleure formation biblique de l'époque, un pharisien fils de pharisiens, Paul devient un Apôtre de Jésus décidé à obéir à son nouveau Maître en toutes circonstances. Malgré ces avantages, Jésus l'a préparé au service pendant plusieurs années, car la formation de Dieu nécessite du temps. Il aurait fait plus d'une dizaine d'années avant d'être appelé à annoncer la Bonne Nouvelle aux païens d'Antioche.[5] Compte tenu de ses capacités intellectuelles et spirituelles, Paul aurait pu implanter une grande Église dans une ville et attirer une foule

---

[5] J.D. DOUGLAS, « Paul », in *The New Bible Dictionary*, Leicester, Intervarsity Press, 1980, p. 943.

d'adeptes, mais c'est grâce à l'obéissance qu'il n'a pas failli à sa mission comme lui-même l'explique:

> En conséquence, roi Agrippa, je n'ai pas désobéi à la vision céleste; mais à ceux de Damas d'abord puis de Jérusalem, dans tout le pays de Judée, puis aux païens, j'ai annoncé la repentance et la conversion à Dieu, avec la pratique d'œuvres dignes de la repentance (Act 26.19-20).

Sa vision était claire. Paul se préoccupait des régions qui ne connaissaient pas encore l'Evangile, c'est-à-dire les peuples non-atteints, ce qu'il exprima en ses termes:

> Et je me suis fait un point d'honneur d'annoncer l'Évangile là où Christ n'avait pas été nommé afin de ne pas bâtir sur le fondement d'autrui, selon qu'il est écrit : ceux à qui il n'avait pas été annoncé verront, et ceux qui n'en avaient point entendu parler comprendront (Rom 15.20-21).

L'Apôtre portait en son cœur le fardeau pour la mission. Pour lui, il n'y avait pas de solution aux problèmes des perdus si personne n'était envoyé. Comme son Maître, il avait compris qu'il lui fallait aller s'il voulait obéir à l'ordre du Seigneur. Son raisonnement logique exprimé dans le texte suivant, prouve que sa passion était d'atteindre les païens ou les peuples qui n'avaient pas encore entendu la Bonne Nouvelle du salut en Jésus Christ :

> Comment donc invoqueront-ils celui en qui ils n'ont pas cru ? Et comment croiront-ils en celui dont ils n'ont pas entendu parler ? Et comment entendront-ils parler de lui, sans prédicateurs ? Et comment y aura t-il des prédicateurs s'ils ne sont pas envoyés ? Selon qu'il est écrit : qu'ils sont beaux les pieds de ceux qui annoncent de bonnes nouvelles (Rom 10.14-15).

Qui est-ce qui doit envoyer ?

La responsabilité d'envoyer les missionnaires incombe à l'Église. Il est vrai que c'est Dieu qui appelle mais c'est l'Église qui envoie car Dieu n'est pas un Dieu de désordre. L'Église d'Antioche est un bon exemple à suivre (Act 13.1-3). Paul et Barnabas ont été appelés par le Saint-Esprit et envoyés par cette Église après l'imposition des mains. Ainsi, ils avaient le devoir de donner des rapports à l'Église qui les avait recommandés. Ils étaient heureux de pouvoir leur raconter comment Dieu avait ouvert la porte de la foi aux païens (Act 14.26-28). Nous devons comprendre et considérer le fait que l'œuvre missionnaire a ses propres difficultés dues aux différences culturelles, ce qui a obligé l'Apôtre Paul à développer certains principes missionnaires de base. A l'exemple de Jésus qui envoyait les disciples deux à deux, Paul semble avoir toujours travaillé en équipe. L'équipe offre beaucoup d'avantages : l'union fait la force, et chacun a des dons différents pour le ministère. C'est aussi une bonne manière de former les successeurs à l'exemple de 2Tim 2.2 :

> Et ce que tu as entendu de moi en présence de beaucoup de témoins, confie-le à des hommes fidèles, qui soient capables de l'enseigner aussi à d'autres.

Comment est-ce possible dans une nouvelle culture, là où les différences sont énormes ? Il faut avoir un amour sincère envers les peuples à évangéliser pour pouvoir s'identifier à eux sans pour autant offenser l'Évangile. C'est le principe de Paul appelé « *devenir comme* » (1Cor 9.19-23). Avec le même amour et sans entraver la Parole de Dieu, il faut veiller à ne pas faire porter des fardeaux aux païens convertis par rapport à la « *forme* » ou à la façon de « *faire* ». C'est le principe de Paul appelé « *rester comme* » (1Cor 7.17-24).

Nous l'avons déjà vu, l'apôtre Paul annonçait l'Evangile à ceux qui ne l'avaient pas encore entendu. Il exerçait une mission transculturelle. Ce faisant, ses compagnons étaient formés automatiquement pour la mission.

2.4. LA MISSIOLOGIE SYSTÉMATIQUE

La missiologie systématique est une réflexion systématique sur la mission, tel que nous en témoignent les Saintes Ecritures, par laquelle nous cherchons à connaître la mission chrétienne, le contenu de son message dans le monde.

Après avoir vu que la mission est le fondement de la Bible et que le discipulat axé sur la mission est le passage obligé si nous voulons relever les défis missionnaires de ce 21ème siècle, il nous a paru bon, afin de faciliter la compréhension de ceux qui sont habitués aux données systématiques, de proposer un essai de systématisation de la missiologie en organisant les éléments composant la missiologie biblique en un système défini regroupant des thèmes variés. Notre souci est de faciliter les études selon un ordre logique et cohérent.

2.4.1. La Création

Dieu crée le ciel et la terre (Gen 1.1). Il crée l'homme à son image, à sa ressemblance; (Gen 1.26-27). Tout ce que Dieu crée est très bon (Gen 1.31). Autres références en rapport avec la création : Ps 33.6,9; Es 40.26, 28; 42.5 ; 45.18; Job 38.4ss; Jn 1.1-4; Act 17.24; Rom 1.20; Héb 1.2.

2.4.2. Le rôle des Écritures dans la mission

Nous avons déjà vu que la Bible est un livre de mission. Elle nous parle de la création du monde, de la chute de l'homme, de l'initiative de Dieu pour sauver l'homme et elle se termine par le règne éternel de Jésus avec ses rachetés. Toute Ecriture est inspirée de Dieu (2Tim 3.16). Poussés par le Saint-Esprit, les hommes ont parlé de la part de Dieu (2Pi 1.21). Ce qui est écrit est pour nous amener à croire en Jésus pour avoir la vie en Lui (Jn 20.31)

Le rôle de la Parole de Dieu, c'est d'exécuter la volonté de Dieu et d'accomplir ses desseins (Es 55.11). Or, la volonté de Dieu, c'est que tous les hommes soient sauvés et parviennent à la vérité (1Tim 2.4). Les Écritures Saintes apportent le bonheur à l'homme qui s'y réfère (Ps 1.1-3 ; 119.1-3). Le rôle des Saintes Écritures est celui d'enseigner, convaincre, corriger, instruire dans la justice (2Tim 3.16). L'homme doit serrer la Parole de Dieu dans son cœur afin de ne pas pécher contre Dieu (Ps 119.11).

2.4.3. Le péché

❏ La mise en garde (Gen 2.17)

❏ La tentation (Gen 3.1-5). L'arbre défendu soulève beaucoup de questions. N'est-ce pas un test pour voir si l'homme peut choisir librement de servir son Créateur ? Nous devons comprendre que la liberté de l'homme est d'une importance capitale ; sinon il ne serait qu'une machine. Dans la suite, Dieu n'a cessé d'utiliser ce principe (Deut 30.15).

❏ La désobéissance (Gen 3.6)

❏ La perdition de l'homme (Gen 3.9-24)

❏ La mort s'installe (Gen 3.19)

❏ Le péché caractérisé (Gen 6.5; 8.21)

❏ La rébellion (Deut 9.7; Jos 1.18)

❏ Le plus grand péché : l'incrédulité ou ne pas croire en Jésus (Jn 16.9)

❏ La transgression de la loi (1Jn 3.4)

❏ L'entrée du péché dans le monde (Gen 3.1-13; Rom 5.12, 19)

❏ Tous ont péché et sont privés de la gloire de Dieu (Rom 3.10-23)

❏ Le salaire du péché c'est la mort (Rom 6.23)

2.4.4. Le rôle de Dieu dans la mission

❏ La mission de rachat (Gen 3.15; Rom 16.20)

❏ Dieu aime l'homme et lui fabrique des habits de peau (Gen 3.21)

❏ Dieu rachète l'homme perdu (Col 1.13; Eph 6.12; 1Pi 2.9)

❏ Il choisit un peuple par Abraham pour apporter le salut à toutes les nations de la terre (Gen 12.1-3)

❏ Cette alliance avec Abraham est répétée plusieurs fois vu son importance (Gen 18.18; 22.15; 26.3; 28.13)

❏ Dieu envoie des missionnaires dans d'autres nations : Joseph (livre de la Genèse), Daniel, Schadrac, Meschac et Abed-Nego (livre de Daniel), Esther et Mardochée (livre d'Esther), Jonas (livre de Jonas).

❏ Dieu invite les gens d'autres nations à se rendre en Israël : *Ruth*, la Moabite (livre de Ruth), *Naaman*, le Syrien (2R 5.1-19; Lc 4.27), *la Reine de Séba* (1R 10.1-9)

❏ Dieu cherche à sauver tous les peuples du monde, sans oublier les païens (Ps 67 ; Es 49)

❏ Dieu utilise des prophètes pour sa mission parmi le peuple d'Israël et les autres nations (Es 12.4-5; 25.5-8; Jér 4.1-2; Ez 36.22-23; Mi 4.1-2; Es 34.1)

❑ Dieu envoie son *Fils* (Gen 3.15; Jn 3.16; 1Jn 4.9,10,14 ; Gal 4.4)

❑ Dieu envoie le Saint-Esprit (Jn 14.26)

2.4.5. Le rôle de Jésus dans la mission

❑ Jésus participe à la création (Gen 1.26; Jn 1.3)

❑ La mission de Jésus a été planifiée de longue date (Gen 3.15)

❑ Sa mission, c'est la suite de l'alliance conclue avec Abraham (Gen 12)

❑ Sa mission a été annoncée par les prophètes dans l'Ancien Testament (Deut 18.15,18; Ps 2.1,2; Ps 22.2, 19; 69.22; Es 7.14; 8.23; 9.1; Es 53.12; Mi 5.1; Mi 3.23-24) et s'est accomplie dans le Nouveau Testament au travers de sa naissance, son ministère, sa mort rédemptrice (Mt 1.18-23; Mt 2.1, 5-6; Mt 4.15, 16; Mt 11.7-10; Mt 11.13, 14; Mt 21.1-9; Mt 26.31, 56; Mt 26.31, 56; Mt 26.31, 56; Mt 27.3-10; Mt 27.34, 48; Mt 27.34, 48; Mt 27.35; Mt 27.46; Mt 7.46; Mc 15.27, 28; Mc 15.34; Lc 23.33, 34; Jn 19. 23; Act 3.25, 26; Act 3.22, 23; Act 4.25-28; Act 13.33; Héb 1.5).

❑ Il est le Messie pour *tous les peuples* (Lc 1.73; Lc 2.30-32)

❑ Il commence son ministère *parmi les païens* : (Mt 4.13)

❑ Au cours de son ministère, Il fait des rencontres particulières avec les *Gentils (païens)* (Mt 8.5-13)

❑ Il guérit les *païens* de la Syrie (Mt 4.23-25)

❑ Il prêche le Royaume de Dieu à tous (Mt 6.33; Mc 1.14, 15; Mt 25.1-13). Comparez avec Ps 103.11; 145.11, 13; Lc 19.11-12.

❑ Il donne l'ordre d'aller prêcher partout dans le monde et faire de toutes *les nations (ethnies) des disciples* (Mc 16.15, 20; Mt 28.18-20)

❑ Il prophétise sur la mission (Mt 24.14; 26.13; Mc 13.10; 14.9; 16.15-18; Mt 10.23; Act 1.8)

❑ La mission doit continuer et atteindre toutes les nations du monde avant la fin du monde (Mt 24.14)

❑ Il promet l'envoi du Saint-Esprit qui doit continuer sa mission. (Jn 14.15-17; 16.7; Act 1.4-5, 8)

2.4.6. Le rôle du Saint-Esprit dans la mission

Sa mission dans la création. Il opérait à la création (Gen 1.2; Job 33.14; Ps 104.30)

❑ Sa puissance a formé Jésus dans le sein de la Vierge Marie

❑ Dans l'Ancien Testament, Il inspire les prophètes dans leurs activités, y compris la mission rédemptrice (1R 22.24; Za 4.6; 7.12)

❑ Il inspirait les messagers de Dieu

❑ Le Saint-Esprit était avec Jésus dans sa mission sur la terre (Es 61.1; Lc 4.18)

❑ Le Saint-Esprit a donné naissance à l'Eglise le jour de la Pentecôte (Act 2)

❑ La mission à Jérusalem, dans la Judée, dans la Samarie et jusqu'aux extrémités de la terre n'allait pas être possible sans le don du Saint-Esprit (Act 1.4, 5, 8)

❑ Le Saint-Esprit était à l'œuvre dans l'Eglise primitive avec Pierre (Act 4.8), Etienne (Act 6.5, 8), Philippe (Act 8.29, 39) et Paul (Act 9.17; 13.2).

❑ Le Saint-Esprit remplit aussi les païens convertis (Act 10.44, 45)

❑ Le Saint-Esprit est dans la mission avec les croyants en permanence (Jn 14.17)

❑ Le Saint-Esprit engendre les enfants de Dieu : (Jn 3.3-8; 1.12, 13; Tite 3.5)

❑ Il transforme (2Cor 3.18)

❑ Il sanctifie (1Cor 6.11; 2Thes 2.13; 1Pi 1.2)

❑ Il intercède en faveur des croyants (Rom 8.27)

❑ Il dirige la mission de l'Eglise (Act 13.2, 4; 20.22, 28; 16.6, 7)

2.4.7. Le rôle de l'homme dans la mission

Dès la création, l'homme a une mission d'intendance. Il s'agit du mandat culturel et du mandat missionnaire (Gen 1.28)

Dieu bénit les hommes, leur parle et ils ont le devoir de l'écouter, lui obéir et gérer les bénédictions.

Dieu utilise les hommes : voir le cas de Jésus-Christ et le sacerdoce universel.

2.4.7.1. Ancien Testament

Depuis l'Ancien Testament, Dieu utilise l'homme dans la mission : Abraham (Gen 12), Joseph en mission en Egypte (Gen 40.1-23; 41.25-45), la mission de Moïse (Ex 3.1; 4.17; Act 7.30-35), la mission de Samuel (1Sam 3).

Tout un peuple, le peuple d'Israël, est appelé à faire connaître Dieu aux *autres nations* (Gen 17.17). Les alliances sont renouvelées à chaque époque, mais Israël a échoué dans sa mission car il est retombé plusieurs fois dans la désobéissance (Ex 17.2-3 ; Juges 13.1).

Pour sauver l'humanité, Dieu a envoyé l'homme parfait, Jésus, le second Adam (Rom 5.14-15).

2.4.7.2. Nouveau Testament

❑ Dieu utilise Jean-Baptiste afin de préparer le chemin pour le Sauveur (Jn 1.23)

❑ Jésus choisit douze hommes qui doivent confirmer sa mission (Mc 3.7-19)

❑ Il envoie 70 disciples en mission (Lc 10.1-24)

❑ L'ordre de mission de Jésus est d'*évangéliser le monde entier* (Mc 16.15-20) et de *former les disciples* (Mt 28.18-20)

❑ Le choix de Paul et Barnabas (Act 13.2)

❑ Les chrétiens persécutés accomplissent la mission divine (Act 8.1)

❑ L'Eglise doit continuer la mission en formant les disciples (2Tim 2.2)

❑ Toutes *les nations* doivent entendre l'Evangile avant le retour de Jésus (Mt 24.14)

❑ Cette mission concerne les croyants (Rom 10.14-15)

2.4.8. Le rôle des animaux dans la mission

Les animaux ont joué un rôle important dans la mission de Dieu et de l'Église. Genèse 3 verset 21 mentionne de façon indirecte la mort d'animaux pour la première fois. Il s'agissait de trouver les habits de peau pour Adam et Ève. Dieu voulait ainsi manifester son amour envers l'homme et partager son plan de lui trouver le bonheur.

Dans Genèse 4 verset 4, Abel fait une offrande à Dieu des premiers-nés de son troupeau. L'Éternel porte un regard favorable sur Abel. Nous voyons que l'animal a joué un rôle important dans les relations entre l'homme et Dieu. Lorsque Noé a offert des bêtes pures et des oiseaux purs à Dieu sur l'autel, Dieu a senti une odeur agréable et ce geste a contribué à la réconciliation entre Dieu et l'humanité (Gen 8.20-22). Les hommes qui obéissaient à Dieu avaient l'habitude d'offrir des sacrifices et des animaux en holocauste à leur Créateur: Abraham, Isaac, Jacob…

C'est le sacrifice avec effusion de sang qui opère le pardon (Lév 17.11 ; Hébr 9.22 ; cf. Rom 3.24-26 et le problème de Caïn avec son sacrifice non sanglant). C'est Dieu lui-même qui a instauré le système de sacrifices d'animaux pour son peuple. Beaucoup d'agneaux ont été tués en Égypte lors de la Pâque de l'Éternel (Exode 12). Ces agneaux ont sauvé la vie de tous les premiers-nés du peuple d'Israël. Dans le livre du Lévitique, Dieu donne beaucoup d'instructions relatives aux sacrifices. Nous voyons que les animaux ont été sacrifiés pour que l'homme reçoive non seulement le pardon de ses péchés, mais pour qu'il obtienne aussi la réconciliation avec Dieu.

Le rôle joué par les animaux dans la mission est inoubliable, car Jésus lui-même porte et portera encore le nom de l'Agneau de Dieu. Jésus est décrit comme l'agneau immolé dès la fondation du monde (Ap 13.8). Nous devons comprendre que le sacrifice de Jésus était prévu par Dieu avant la fondation du monde dans l'omniscience de Dieu. Mais avant cet acte, la pédagogie de Dieu devait préparer les hommes à comprendre le système d'expiation par le sang de Jésus aujourd'hui invisible. Le plus grand pédagogue a utilisé le matériel concret des petits enfants dans la foi, le peuple d'Israël choisi, pour faire comprendre à toutes les nations du monde que par la foi dans le sang de Jésus, matériel abstrait, l'homme recevra l'expiation, le pardon de ses péchés. En effet, nous devons croire que Jésus s'est offert une fois pour toutes pour porter les péchés de plusieurs (Héb 9.28). Les sacrifices des animaux étaient l'ombre du vrai sacrifice de Jésus. La valeur de Jésus, indéfinie par rapport à celle de l'homme, peut substituer très valablement celle de tous les hommes.

D'autres animaux ont été utilisés dans la mission : certains ont servi de moyens de transport pour accomplir l'œuvre de Dieu dans l'Ancien Testament comme dans le Nouveau Testament. Dieu a fait parler l'âne pour faire connaître sa volonté à Balaam (Nbr 22.28-35). Dieu s'est servi d'un grand poisson pour accomplir son dessein avec Jonas (Jonas 2). De plus, une mangeoire d'animaux a servi de berceau à l'enfant Jésus après sa naissance (Lc 2.7, 12).

Le gardiennage des brebis était utilisé dans la formation des leaders :

Moïse a fait paître les brebis de son beau-père jusqu'à ce qu'il reçoive l'appel de Dieu (Ex 2.23, 3.1-10). Moïse a passé 40 ans dans ce milieu (Act 7.29-30). Plus tard, Dieu dira que Moïse était fidèle dans toute sa maison (Nbr 12.7). Il confirmait que Moïse était le plus humble de tous les hommes (Nbr 12.3). Durant ces 40 ans, le caractère de Moïse a été bien formé.

Un autre exemple est celui de David qui, dans son jeune âge, était berger des moutons (1Sam 16.11). David était un brave guerrier (1Sam 16.18). D'où tirait-il cette habileté ? Lui-même a raconté ses expériences de berger de moutons qui l'ont formé : il tuait les lions et les ours qui venaient attaquer ses brebis. C'est ainsi que son caractère a été formé et qu'il a pris confiance en Dieu par la foi. Il a aussi appris la pratique de la guerre (1Sam 17.34-37).

La formation du disciple exige parfois de la patience et beaucoup d'exercices.

Ainsi les moutons ont été des instruments de formation d'hommes comptés parmi les plus célèbres sur la terre, pourquoi pas au ciel également ?

2.4.9. Le rôle des anges dans la mission

❑ Les anges sont des esprits au service de Dieu (Héb 1.14).

❑ Ils sont puissants (Ps 103.20; 2Pi 2.11; 2Thes 1.7).

❑ Ils se réjouissent de la mission de Dieu, de la rédemption, du salut des âmes (Lc 15.10).

❑ Dans la mission divine, Dieu les envoie vers ses serviteurs : *à Abraham :* (Gen 18.2; 19.11, 13, 21); à *Lot* (Gen 19.1-11), *à Daniel :* (Dan 8.16 26; 9.21 27)

❑ Les anges ont apporté les messages concernant la mission de sauver le monde : *à Zacharie* pour la naissance de Jean-Baptiste (Lc 1.5, 25), *à Marie* pour la naissance de Jésus (Lc 1.26-38), *aux bergers* lors de la naissance de Jésus (Lc 2.9-12)

❑ Les armées célestes se réjouissent avec l'ange porteur du message et rendent gloire à Dieu (Lc 2.13-15)

❑ Quand Jésus souffre à Gethsémané, un ange lui apparaît du ciel pour le fortifier (Lc 22.43)

- ❑ A la résurrection de Jésus, un ange descend, roule la pierre et parle ensuite aux femmes

- ❑ Ils servent Jésus (Mt 4.11; 26.53; Jn 1.51)

- ❑ Ils auront beaucoup à faire vers la fin du monde, notamment avertir, sonner de la trompette (1Thes 4.16; Ap 5.2)

- ❑ Ils s'occupent des enfants de Dieu (Héb 1.14), d'Elie (1R 19.5-7), de *Daniel* (Dan 6.22), des Apôtres (Act 5.19, 20), de *Pierre* (Act 1.7-10), *de Paul* (Act 27.23, 24)

- ❑ Ils protègent (Ps 34.8; 91.11, 12; Mt 18.10)

- ❑ Ils délivrent (Ps. 35.5)

- ❑ Ils révèlent les plans de Dieu : à Daniel (Dan 8.16-26; 9.21-27), à Joseph (Mt 1.20, 21), à l'Apôtre *Jean* (Ap 1.1; 17.1; 21.9, 10; 22.1, 6-10, 16), à Amos (Am 3.7)

- ❑ Ils annoncent la parole de Dieu (Act 7.53; Héb 2.2; Ap 14.6; 19.9, 10)

- ❑ Ils adorent Dieu (Ps 148.2; Lc 2.13-15; Héb 6; Ap 7.11; 5.11, 12)

- ❑ Ils vont moissonner à la fin du monde (Mt 13.39)

- ❑ Ils vont rassembler les élus (Mt 24.31)

- ❑ Ils ont d'autres services :

  * Combattre Satan (Jude 9; Ap 12.7; Dan 10.12, 13, 20, 21)

  * Exécuter les ordres de Dieu (Ps 103.20; Act 10.3-7)

  * Etre des témoins (Lc 12.8, 9; 1Tim 3.16; 5.21; 1Pi 1.12; Ap 14.10; 3.5)

- ❑ Ils exécutent les jugements (2Sam 24.16; 1Chr 21.15, 16; Ap 16.1)

- ❑ Ils accompagneront Jésus lors de sa venue dans sa gloire (Mt 16.27; 25.31; Mc 8.38; Lc 9.26; 2Thes 1.7)

2.4.10. Le rôle de l'Église dans la mission

L'Église est née le jour de Pentecôte lorsque le Saint-Esprit est descendu pour oindre et consacrer les disciples que Jésus avait préparés (Act 2.1-4). Cette Eglise avait reçu l'ordre de faire de toutes les nations des disciples et de leur enseigner tout ce que Jésus avait prescrit (Mt 28.19). Deux points importants ressortent de cette commission : prêcher l'Évangile pour convertir les incroyants et les former pour qu'ils deviennent des disciples.

Nous voulons considérer trois Églises dans le Nouveau Testament :

2.4.10.1. L'Église de Jérusalem

L'Église de Jérusalem, aussitôt née, a commencé l'évangélisation le même jour par la prédication de l'apôtre Pierre. Trois mille convertis ont été baptisés (Act

2.41). Respectant l'ordre de Jésus, les Apôtres ont organisé des enseignements chaque jour (Act 2.42, 46). *Un troisième élément* moteur dans la mission de la première Église était la prière. Ils s'appliquaient à la prière et au ministère de la Parole (Act 6.4). Tous les convertis participaient aux prières avec les Apôtres dans le temple (Act 2.42). *Le quatrième élément* était la communion fraternelle. Jésus avait demandé aux disciples de s'aimer pour que le monde sache qu'ils sont ses disciples (Jn 13.34-35). En effet, les chrétiens doivent être le sel et la lumière du monde en ayant avant tout de l'amour les uns envers les autres. L'atmosphère qui régnait parmi les disciples attirait sans doute des incroyants qui acceptaient à leur tour Jésus comme leur Sauveur, car chaque jour, le Seigneur ajoutait à l'Église ceux qui étaient sauvés (Act 2.47). Très vite, le nombre de croyants s'est élevé à cinq mille hommes (Act 4.4). Après quoi, il sera difficile de les compter, et la Bible parle de multitude (Act 4.32).

Nous avons déjà vu que l'œuvre de la mission ne concerne pas que les Apôtres, mais aussi les laïcs. Exemples : Étienne, Philippe, et les laïcs qui ont évangélisé la Judée et la Samarie. En effet, lors de la persécution à Jérusalem, seuls les 12 Apôtres sont restés à Jérusalem, alors que les autres se sont dispersés et ont évangélisé partout où ils passaient.

2.4.10.2. L'Église d'Antioche

Pour ce qui est de la mission, l'Église d'Antioche est une Église modèle : d'abord les dirigeants accordaient une grande place à la prière et au jeûne. L'esprit prophétique et l'enseignement caractérisaient cette Église (Act 13.1). Ils étaient ouverts et obéissants à l'ordre du Saint-Esprit (Act 13.1). Remarquez que c'est le Saint-Esprit qui a appelé, mais que c'est l'Église qui a envoyé les missionnaires Barnabas et Saul en mission parmi les païens. C'est le rôle de l'Église de Jésus : former des disciples et les envoyer en mission.

2.4.10.3. L'Église de Philippes

L'Église de Philippes nous apprend des principes que toute Église peut utiliser pour soutenir les missionnaires. Il va sans dire que l'Église d'aujourd'hui doit mieux s'organiser que celle du premier siècle. Les chrétiens de Philippes ont subvenu aux besoins de l'apôtre Paul quand il était à Thessalonique et quand il était en prison (Ph 4.10-20).

Quelles leçons faut-il tirer de ce passage ?

❑ Il faut enseigner aux chrétiens l'importance de soutenir les missionnaires

❑ Apprendre aux chrétiens à donner avec joie

❑ La collecte des fonds et du matériel doit être bien organisée

❑ Le soutien aux missionnaires doit être fait d'une bonne manière et de façon régulière

Bref, l'Église locale devrait être considérée comme un centre d'animation pour la mission.

Après l'enlèvement de l'Église, celle-ci va se marier avec Jésus et les noces seront célébrées au ciel (Ap 19.6-9).

Pendant le Millénium (le règne de Jésus pendant mille ans sur la terre), l'Église aura la mission de régner avec Lui et ses membres seront *sacrificateurs de Dieu et de Christ* (Ap 20.1-7; Es 2.4; 9.5, 6; 11.1-10; Mi 4.1-8; Mt 25.31-34; 1Cor 6.2, 3; Ap 5.10).

2.4.11. La louange, couronnement de la mission

Les rachetés de l'Eternel seront dans la joie (Mt 25.21). La louange est pour l'éternité (Ap 7.12). La Bible nous dit encore :

> Et ils dirent une seconde fois : Alléluia... Et une voix sortit du trône disant : Louez notre Dieu vous tous ses serviteurs, vous qui le craignez, petits et grands !... (Ap 19.3-6)

La louange est le but de la mission. Le but de la mission, c'est la joie des peuples exprimée dans la louange et l'adoration à l'honneur et à la gloire de Dieu aux siècles des siècles dans la grandeur de Dieu[6].

Le psalmiste l'exprime en ces termes :

> L'Eternel règne, que la terre soit dans l'allégresse » (Ps 97.1), « Les peuples te célèbrent Ô Dieu ! Tous les peuples te célèbrent. Les foules se réjouissent et triomphent (Ps 67.4-5).

---

[6] Centre missionnaire du Sahel, « Cours abrégé de Mission Mondiale », *op. cit.*, p. 3.

CHAPITRE III

LE DISCIPULAT AXÉ SUR LA MISSION COMME MOYEN DE MOBILISATION EFFICACE POUR L'ORDRE DE MISSION DE JÉSUS

Dans ce chapitre, nous voulons faire comprendre la signification biblique d'un vrai disciple. Nous voulons montrer que, selon la conception de Jésus, on ne peut pas devenir son vrai disciple sans s'adonner à la mission d'une façon ou d'une autre. Pour réussir l'ordre de mission de Jésus, l'énoncé des principes clairs du discipulat imprégné d'une étude sur la mission s'avère nécessaire.

3.1. DÉFINITION

Qu'est-ce qu'il faut comprendre par discipulat ?

Le discipulat est un processus de formation d'un disciple. Le discipulat est un processus au cours duquel le nouveau converti subit une transformation progressive dans le but de ressembler à son maître, le Seigneur Jésus-Christ. Par discipulat, il faut comprendre un processus au cours duquel la vie de Jésus est transmise au converti. Nous devons reconnaître que ce processus ne concerne pas uniquement le chrétien, puisque le Maître y joue un rôle prépondérant. Il a dit : « *Si vous ne demeurez pas en moi, vous ne pouvez porter aucun fruit* » (Jn 15.4, Semeur).

Dieu lui-même veut que le chrétien soit transformé à l'image de son Fils (Rom 8.28-29). Pour ce faire, Dieu utilise tous les moyens nécessaires pour que nous ressemblions à Jésus. Dans la formation ordinaire, nous rencontrons des moments de joie et des moments de peine. Parfois, Dieu utilise des circonstances difficiles pour atteindre ce but. Dans cette école spirituelle, Dieu veut que nous parvenions à la mesure de la stature complète de Christ en croissant à tous égards en lui (Eph 4.13-15).

Ce changement de vie, qui doit être opéré continuellement, ne concerne pas en premier lieu beaucoup de connaissances, de méthodes, de stratégies ou d'activités, mais surtout une relation avec Dieu. Dans cette optique, il convient de ne pas négliger le rôle du chrétien dans le processus de discipulat. Le chrétien est appelé à maintenir cette relation avec son Maître. Jésus lui-même nous donne l'exemple de relation entre la vigne et le sarment en Jean 15. Pour que celui-ci porte des fruits, il doit demeurer attaché à la vigne. En effet, le sarment reçoit la vie de la vigne par son attachement à celui-ci. La sève passe de la vigne au sarment et celui-ci reçoit la vie et la capacité de produire et porter des fruits. Les rencontres avec Jésus sont impératives dans la prière et le jeûne, la louange, la Parole de Dieu avec méditation profonde, l'obéissance, l'imitation de Jésus, etc. (1Thes 5.17; Ps 1.2-3; Jn 8.31-32; 1Tim 3.16-17; 1Pi 2.21).

Le discipulat est un processus qui aide le disciple à devenir mature.

Or, Jésus lui-même définit le *disciple* comme quelqu'un qui renonce à lui-même, qui porte sa croix et qui le suit (Mt 16.24). Le vrai disciple de Jésus, c'est quelqu'un qui a compris qu'il ne s'appartient plus mais qu'il appartient à celui qui l'a racheté par son sang. La première difficulté du converti, c'est le rejet de la société ou de la famille, les moqueries de ses anciens amis, à cause de sa foi. S'il a renoncé à lui-même, il ne va pas renier Jésus. Il va supporter courageusement cette situation, portant ainsi sa croix. Dans le contexte de Matthieu 10.33-38, la croix fait allusion à de tels problèmes.

La dernière partie de cette définition concerne le fait de suivre Jésus. Cette action renferme beaucoup de choses : on a l'occasion d'observer, de voir, d'entendre, de travailler, bref, on a la possibilité d'apprendre auprès du Maître par excellence.

Pourquoi ce discipulat est-il qualifié d'axé sur la mission ?

En effet, le discipulat organisé par Jésus était toujours axé sur la mission. Il formait les disciples dans le but de les envoyer en mission. Cet apprentissage était suivi de stages pratiques, et les intéressés fournissaient des rapports de stage à leur Maître (Lc 10.1-20; Mc 6.6-13, 30-32).

Aujourd'hui, nous remarquons que les Églises ont négligé cette approche de Jésus. Chaque disciple de Jésus devait être préparé à la mission. D'autres programmes de discipulat se limitent au savoir et à la formation du caractère et oublient la mission alors que pour Jésus, la mission est une priorité puisqu' « *il ne veut pas qu'aucun périsse, mais il veut que tous arrivent à la repentance* » (2Pi 3.9). L'ordre de Jésus est d'aller faire des disciples jusqu'aux extrémités de la terre (Act 1.8) ; et nous n'avons même pas terminé l'évangélisation de notre pays. C'est une raison de plus pour étudier la mission en partant du discipulat. Jésus ne peut ni comprendre ni accepter un discipulat dont la mission a été omise.

3.2. LES DISCIPLES IMPRÉGNÉS DE MISSIOLOGIE ET LE NOUVEAU TESTAMENT

Le Nouveau Testament nous donne des exemples de formation des disciples avec la théorie et la pratique de la missiologie.

3.2.1. Jésus et le discipulat

La formation de Jésus était fondée sur quelques principes importants dont voici quelques uns :

Premièrement, choisir et avoir des disciples avec lui (Mc 3.14). Il faut noter que Jésus les a choisis après avoir passé toute une nuit de prière à chercher la volonté de Dieu.

Ce principe est très important pour la formation des disciples. Ceux-ci ont toutes les occasions d'apprendre du Maître et vice-versa. Le Maître peut les corriger à tout moment. C'est une méthode qui réussit bien pour quelqu'un qui veut s'investir dans les collaborateurs. Nous devons passer beaucoup de temps avec nos disciples.

Deuxièmement, former des disciples en ayant des objectifs bien précis comme les envoyer prêcher avec le pouvoir de chasser les démons (Mc 3.15). Pour tout travail à accomplir, il est très important de fixer les objectifs à atteindre.

Troisièmement, leur communiquer le savoir.

Jésus a saisi des occasions pour communiquer le savoir à ses disciples : lorsqu'il prêchait à la foule en plein air (Lc 8.1-8); lorsqu'il se retrouvait à huis clos avec eux (Lc 8.9-18); lorsqu'il répondait aux questions de ses adversaires (Mt 19.1-12); quand il donnait des instructions pour la mission (Mt 10.5-11; Lc 10.1-11; Mt 28.18-20).

Quatrièmement, former leur être ou leur caractère. Par exemple : en leur apprenant à laver les pieds d'autrui (Jn 13.1-9); à prier sans se relâcher (Lc 18.1); à avoir pitié des autres (Mt 18.21-35); à être humble comme un petit enfant (Mt 18.1-9); à ne pas rendre le mal pour le mal (Lc 9.51-56).

Cinquièmement, les former pour « le faire » (la pratique).

La guérison d'un démoniaque (Mc 9.14-29). Les disciples n'ont pas réussi à chasser le démon. Ils observent la délivrance opérée par Jésus et cherchent à savoir pourquoi ils ont échoué. Jésus leur donne le secret pour chasser ce genre de démon : la prière. C'est une mise en pratique concrète dans la mission. Le disciple doit s'entraîner à la prière.

Accorder aux disciples des occasions d'organiser et de servir la foule (Mc 6.37-41); de mettre en pratique la mission (Mc 6.7-13; Lc. 10.1-16). Jésus leur donne des occasions d'aller dans les villes et les villages prêcher la Bonne Nouvelle du Royaume de Dieu, de guérir les malades et de chasser les démons, de préparer la Pâques (Mt 26.17-20). Ils mettent en pratique ce qu'ils ont appris.

Sixièmement, former les disciples par évaluation (Lc 10.17; Mc 6.30-31; Lc 9.6). Après la mission, le Maître veut savoir tout ce qu'ils ont fait. Les rapports précisent qu'ils ont fait un grand travail.

Septièmement, les former par délégation de pouvoir (Mt 28.18-20 ; Mc 16.15-20; Act 1.8). Comme les disciples ont maintenant une certaine expérience, Jésus leur fixe les limites du travail par quelques instructions, puis leur laisse la liberté d'exercer leur ministère. Il les libère en vue d'exercer leurs dons dans l'épanouissement. Ce qui permet aux collaborateurs d'utiliser leurs talents pour de meilleurs rendements.

3.2.2. L'apôtre Paul et le discipulat

Comment Paul a-t-il formé les disciples ?

L'apôtre Paul aimait la mission en équipe. Cela permettait au disciple d'avoir une formation dans trois domaines : *le savoir, l'être* (le caractère) et *le faire.* Dès qu'il évangélisait, il s'occupait des disciples et ne tardait pas à former les dirigeants de l'Église nouvellement née.

Ses nouveaux collaborateurs écoutaient alors qu'il prêchait, enseignait et discutait avec les gens. Ils apprenaient ainsi une saine doctrine à ses côtés.

Il mettait l'accent sur la formation de l'être ou du caractère chrétien. Voici par exemple ce qu'il écrit à Timothée, son disciple:

> « Souffre avec moi, comme un bon soldat de Jésus-Christ. Il n'est pas de soldat qui s'embrasse des affaires de la vie, s'il veut plaire à celui qui l'a enrôlé ; et l'athlète n'est pas couronné, s'il n'a pas combattu suivant les règles. Il faut que le laboureur travaille avant de recueillir les fruits » (2Tim 2.3-6).

L'apôtre Paul utilise trois images, celles du soldat, de l'athlète et du laboureur, pour former Timothée à la persévérance dans le ministère malgré les problèmes difficiles, l'encourager à être sérieux dans son travail et l'aider à fixer ses pensés sur la récompense que Dieu lui accordera.

L'apôtre Paul n'a pas oublié la formation pratique. Son disciple doit commencer à former d'autres (2Tim 2.2). Il s'agit de la formation en formant les autres. Il a laissé Tite en Crète pour qu'il s'occupe de l'administration des Églises dans les villes (Tite 1.5). Il s'agit de la formation par délégation de pouvoir.

Nous pouvons citer d'autres exemples :

❑ Paul forme Timothée en le prenant avec lui (Act 16.3).

❑ Formation en étant le compagnon d'œuvre (Rom 16.21).

❑ Formation par le travail missionnaire en équipe (Act 17.15; 2Thes 1.1; Act 12.25; Act 13.5; Ph 1.24).

Nous l'avons déjà vu, l'apôtre Paul annonçait l'Évangile à ceux qui ne l'avaient pas encore entendu. Il faisait une mission transculturelle. Ce qui fait que ses compagnons étaient formés automatiquement pour la mission.

3.2.3. Les chrétiens laïques et la mission

Déjà dans l'Ancien Testament, les laïcs ont exercé une mission transculturelle importante. Nous pouvons citer à titre d'exemple Joseph en Égypte dans la Genèse ; Schadrac, Meschac et Abed-Nego à Babylone dans le livre du prophète Daniel ; Esther et Mardochée en Perse dans le livre d'Esther. Depuis l'époque ancienne, Dieu s'est servi d'hommes et de femmes ordinaires de différentes classes de la société pour accomplir sa mission.

Dans le Nouveau Testament, l'idée des missionnaires laïcs est lancée très tôt. Á part les douze apôtres, Jésus a préparé les laïcs pour la mission. Nous le voyons envoyer les soixante-dix disciples en mission (Lc 10.1-2). Dans le livre des Actes des Apôtres, les laïcs se consacraient à la prédication de la Parole. Étienne, le premier martyr chrétien, aimait prêcher la Parole avec puissance alors qu'il était diacre (Act 6 et 7). La première percée de la mission en Judée et en Samarie à l'époque de l'Église primitive a été accomplie par les croyants laïcs (Act 1-8). Ceux-ci avaient été formés à Jérusalem par les apôtres, car il est écrit que les convertis persévéraient dans l'enseignement des apôtres, ils priaient et louaient chaque jour, ils se rendaient dans le temple (Act 2.41-47). Sans doute avaient-ils reçu une formation sur la mission, car celle-ci faisait partie de ce que Jésus leur avait prescrit (Mt 28.19-20; Mc 16.15-16; Jn 20.21).

Il est vrai que les Actes et les Épîtres nous parlent de missionnaires qui travaillaient presque à plein temps, tels que Paul, Barnabas, Timothée, Silas, Tite et les douze Apôtres ; il y avait en plus un grande nombre de missionnaires laïcs, hommes et femmes. Le chapitre 16 de l'Épître aux Romains que nous pouvons appeler chapitre d'or des chrétiens missionnaires laïcs est un exemple parlant.

3.3.4. Comment devenir un vrai disciple de Jésus ?

Comme nous le voyons dans les Évangiles, les Actes et les Épîtres, les disciples de Jésus, ceux des douze Apôtres, ceux de Paul étaient convaincus de la nécessité de s'engager pour la mission. La première question est de savoir quelles sont les conditions à remplir pour devenir un vrai disciple de Jésus. C'est notre Maître, le Seigneur Jésus, qui fixe les conditions que voici :

> « Si quelqu'un veut venir à moi, qu'il renonce à lui-même, qu'il porte sa croix et qu'il me suive » (Mt 16.24).

Premièrement, « Si quelqu'un veut venir à moi... ». Pour devenir disciple, il faut d'abord avoir la volonté de changer de camp. L'homme naturel est dans le camp de Satan. Il faut de la volonté pour quitter le royaume du diable et entrer dans le royaume de Dieu, quitter le royaume des ténèbres et entrer dans celui de la lumière (Act 26.18). Dès lors, il n'est plus condamné (Rom 8.1) et a la vie éternelle (Jn 3.16, 3.36; 5.24).

Deuxièmement, « qu'il renonce à lui-même ». Il doit renoncer à son *moi* avec ses désirs égoïstes, orgueilleux et charnels (Gal 5.16, 17, 24). Dès lors, il ne s'appartient plus mais appartient à Jésus ; ce n'est pas sa volonté qui compte mais il cherche celle de Dieu (Rom 12.2; Eph 5.17; Col 4.12). Il considère que Jésus est son Seigneur, son Maître, son Propriétaire, le Gouverneur de sa vie. Désormais, il obéit à Jésus, à sa parole, par amour et sans conditions.

Le converti, en renonçant à lui-même, adopte le caractère de son Maître qui a renoncé à ses droits qu'il avait au ciel et qui s'est dépouillé des privilèges qu'il avait d'être égal à Dieu le Père (Ph 2.6-8). Renoncer à soi implique que le disciple doit avoir des sentiments d'amour, d'humilité et d'obéissance. Il est impossible d'être disciple sans renoncer à la haine, à l'orgueil et l'arrogance, et à la désobéissance.

L'apôtre Paul dit que nous devons considérer les autres comme étant supérieurs à nous-mêmes (Ph 2.3). Bien sûr, il précise que c'est par humilité. Le disciple doit considérer les autres comme étant plus importants que lui. Il ne doit pas chercher ses propres intérêts, mais ceux des autres. La vie entre frères et sœurs est une complémentarité. Dans 1Cor 12.12-31, l'apôtre Paul nous explique l'importance des différents organes dans un corps humain. Le disciple doit comprendre qu'il a des qualités, mais que ses frères et sœurs en ont d'autres qu'il n'a pas. Nous devons nous comprendre.

Cela semble difficile mais c'est le renoncement, c'est-à-dire l'abandon. Jésus a dû abandonner ses droits. Parfois, il faut accepter volontairement de perdre quelque chose pour venir en aide à autrui. Poussés par l'orgueil, nous tentons souvent de nous accrocher à nos droits et à nos intérêts. C'est pour cela que l'apôtre Paul conseille de ne pas manger de la viande si cela scandalise un frère (1Cor 8.13). Jésus lui-même a affirmé qu'il était doux et humble de cœur (Mt 11.29) et que le disciple doit devenir aussi humble qu'un petit enfant (Mt 18.4).

Dans le cadre de l'obéissance, Jésus a été obéissant jusqu'à la mort sur la croix (Ph 2.8). Un bon observateur va comprendre que c'est l'humilité qui a soutenu Jésus dans cette obéissance extrême. Jésus avait la possibilité d'éviter cette mort (Mt 26.48-56). Il a dit : « *Je donne ma vie pour mes brebis* » (Jn 10.15). C'est le manque d'obéissance qui a fait chuter l'humanité avec le péché d'Adam et d'Eve. Jésus a dit :

> « Celui qui a mes commandements et qui les garde, c'est celui qui m'aime » (Jn 14.21).

Jacques ajoute :

> « Mettez en pratique la Parole et ne vous bornez pas à l'écouter » (Jc 1.22).

L'obéissance est un sujet nécessaire pour le discipulat car d'elle dépend même notre salut.

Troisièmement, « qu'il porte sa croix ». Lorsque quelqu'un accepte Jésus comme son Sauveur et le Maître de sa vie, il quitte le camp du diable et entre dans le camp des enfants de la lumière. Souvent, ce changement est accompagné du rejet par la famille, les amis, voire la société. Le disciple doit accepter ce rejet au lieu d'abandonner Jésus. Même si son père le chasse de la maison, il faut accepter cette hostilité et poursuivre son chemin avec Jésus. C'est dans ce contexte que Jésus a parlé de porter sa croix dans Mt 10.34-38. Il ne s'agit pas de tous les problèmes que nous rencontrons dans la vie et qui n'épargnent pas non plus les païens.

Quatrièmement, « et qu'il me suive ». Suivre Jésus est une condition *sine qua non* pour pouvoir être dans le processus de formation du disciple. Jésus voulait que les disciples apprennent par sa vie. Ils devaient entendre ses prédications, ses enseignements, ses réponses aux questions, ses prières, mais aussi voir son comportement, son caractère. Jésus voulait que les disciples soient à son école. Il fallait vivre avec lui pour pouvoir l'imiter. L'apôtre Paul a félicité les Thessaloniciens qui l'avaient imité ainsi que le Seigneur.

> Et vous-mêmes, vous avez été mes imitateurs et ceux du Seigneur, en recevant la parole au milieu des afflictions, avec la joie du Saint-Esprit (1Th 1.6).

Par ailleurs, il a invité les Corinthiens à être ses imitateurs comme il l'était lui-même de Christ (1Cor 11.1). Or, pour bien imiter quelqu'un, il faut bien le connaître. Une condition déterminant le choix du remplaçant de Judas Iscariot était d'avoir accompagné Jésus (Act 1.21-23).

Dans le contexte actuel, suivre Jésus sous-entend avoir une relation intime avec lui par le Saint-Esprit, en demeurant dans sa parole, dans l'obéissance, la prière, la communion fraternelle, en aimant les frères et sœurs en Christ. Suivre Jésus, c'est accepter de partager avec lui ses joies et ses souffrances en souffrant pour lui. L'apôtre Paul qui a fait beaucoup d'expériences dans ce domaine a écrit :

> ...et cela vient de Dieu, car il vous a été fait par la grâce, par rapport à Christ, non seulement de croire en lui, mais encore de souffrir pour lui... (Ph 1.29).

Croire en Jésus nous procure le privilège d'avoir la vie éternelle, ce qui nous permet de rester dans la joie en attendant le retour de Jésus. Le Saint-Esprit qui vit en nous nous remplit également d'une joie indescriptible. Jésus n'a pas vécu que des souffrances sur la terre, il a aussi eu des moments de joie. Après le rapport de mission des soixante-dix, il nous est dit que Jésus a tressailli de joie (Lc 10.21). Nous nous réjouissons lorsque nous voyons les fruits de l'évangélisation, mais nous devons nous attendre aussi à souffrir pour le Seigneur. La Bible nous dit que c'est une grâce de souffrir.

En effet, quand nous souffrons pour Jésus, nous nous identifions à lui. Or, après ses souffrances, Christ a été élevé par son Père à la plus haute place. Ce dernier lui a donné le nom qui est au-dessus de tout nom (Ph 2.9). Ceux qui souffrent pour Jésus seront dans la joie et l'allégresse lorsque la gloire de Jésus paraîtra comme nous l'écrit l'apôtre Pierre :

> Réjouissez-vous, au contraire, de la part que vous avez aux souffrances de Christ, afin que vous soyez aussi dans la joie et dans l'allégresse lorsque sa gloire paraîtra (1Pi 4.13)

Jésus a encouragé ses disciples à être heureux, à se réjouir et à être dans l'allégresse au moment où ils seront persécutés ; et Il a ajouté que leur récompense sera grande dans les cieux (Mt 5.11-12). Le jour où ils ont été frappés de verges, les apôtres ont été joyeux d'avoir souffert pour le nom de Jésus (Act 5.40-41).

À la fin de ce chapitre, nous constatons que nous avons un disciple qui remplit les conditions et qui suit Jésus en respectant la volonté de Dieu. Le moment qui doit accompagner tout ce processus est d'une importance capitale. Jésus s'adresse à ce disciple comme Il l'a fait autrefois (Jn 20.21) :

> « Comme le Père m'a envoyé, moi aussi je vous envoie ».

Au cours du reste de sa vie, le vrai disciple obéit à ce commandement et va en mission. Reproduire la vie de Jésus doit aboutir à s'engager dans l'évangélisation ; ressembler à Jésus doit inclure être en mission ; suivre les traces de Jésus comprend également le fait d'aller faire de toutes les nations ses disciples ; *devenir comme son Maître, Jésus, ne peut être compris si on omet la mission que Jésus faisait dans les villes et dans les villages* (Mt 9.35). C'est pourquoi un vrai disciple de Jésus doit s'appliquer à l'étude de la mission.

3.3. L'ABOUTISSEMENT DE LA FORMATION DES DISCIPLES

Sous ce point, nous voulons montrer que pour Jésus, la formation des disciples devait aboutir à la pratique de la mission. Cet exemple doit être suivi aujourd'hui.

Après avoir formé ses disciples et accompli l'œuvre de racheter l'homme sur la croix, Jésus a dû retourner au ciel tout en s'assurant de la continuité de la mission.

Notre préoccupation n'est pas de démontrer que la mission est l'ordre de Jésus, car les chrétiens le savent bien. La plus grande question est de savoir où se limite le champ de notre tâche missionnaire. Un simple coup d'œil nous donne l'impression que Jésus aurait donné l'ordre d'évangéliser les grands centres où nous recevons beaucoup d'offrandes, d'évangéliser là où nous n'avons pas de problèmes linguistiques et culturels ou bien là où il n'y a pas de résistance à l'Évangile. Avec cette attitude, il n'est pas étonnant qu'à peu près 93% des ouvriers chrétiens à plein temps travaillent parmi des populations chrétiennes.

3.3.1. L'ordre est d'aller dans le monde entier

Les Évangiles sont clairs sur ce point. Nous allons considérer deux passages principaux :

« Puis il leur dit : allez dans le monde entier et prêchez la Bonne Nouvelle à toute la création. Celui qui croira et qui sera baptisé sera sauvé, mais celui qui ne croira pas sera condamné…et ils s'en allèrent prêcher partout. Le Seigneur travaillait avec eux et confirmait la parole par les signes qui l'accompagnaient » (Mc 16.15-16.20).

Un autre texte ajoute un élément important, car il définit les caractéristiques de celui qui envoie les disciples :

« Jésus s'approcha et leur parla ainsi : tout pouvoir m'a été donné dans le ciel et sur la terre. Allez, faites de toutes les nations des disciples, baptisez-les au nom du Père, du Fils et du Saint-Esprit, et enseignez leur à garder tout ce que je vous ai prescrit. Et voici je suis avec vous tous les jours, jusqu'à la fin du monde » (Mt 28.18-20).

Dans ces textes, il y a des ordres clairs en lien avec la mission qu'il faut comprendre. Le premier ordre est « *allez* ». Celui qui veut obéir ne doit pas rester sur place. L'Église ne doit pas attendre que les païens viennent d'eux-mêmes, elle doit aller les chercher. Un autre point concerne la cible de la mission. Dans Marc, les termes utilisés sont : « *le monde entier* » et « *toute la création* »; tandis qu'en Matthieu, on a utilisé « *toutes les nations* ». Nous voyons le même terme dans l'Évangile selon Luc :

« Il leur dit : ainsi il est écrit que le Christ souffrirait, et qu'il ressusciterait des morts le troisième jour et que la repentance et le pardon des péchés seraient prêchés en son nom à toutes les nations, à commencer par Jérusalem. Vous êtes témoins de ces choses. Et voici : J'enverrai sur vous ce que mon Père a promis ; mais vous, restez dans la ville jusqu'à ce que vous soyez revêtus de la puissance d'en haut » (Lc 24.46-49).

Dans les Actes des Apôtres, Jésus précise les lieux où la mission doit être exercée. Il s'agit de Jérusalem, Judée, Samarie et *jusqu'aux extrémités de la terre*, comme l'historien Luc nous le rapporte :

« Mais vous recevrez une puissance, celle du Saint-Esprit survenant sur vous, et vous serez mes témoins à Jérusalem, dans toute la Judée, dans toute la Samarie et jusqu'aux extrémités de la terre » (Act 1.8).

Il convient de préciser que le terme *nations*, dans ce contexte, ne signifie pas « pays » mais signifie « *ethnies* ». En Afrique, nous devons comprendre qu'il s'agit d'ethnies ou de tribus. Les leaders chrétiens devraient revoir leur façon de faire car les régions non-atteintes et les tribus non-atteintes sont négligées. Seulement, 2 % des ouvriers chrétiens travaillent parmi les peuples non-atteints.

La commission de Jésus semble être très lourde; a-t-il donné des moyens pour l'accomplir ?

3.3.2. Les Apôtres et l'ordre de mission de Jésus

À partir du jour de la Pentecôte, les Apôtres ont commencé à prêcher et à baptiser les convertis. La formation des disciples était assurée par une vie de communion fraternelle, de prière, mais surtout par un enseignement très assidu.

Les termes utilisés par l'historien Luc, prouve que l'enseignement occupait une place de choix dans l'Église primitive:

« Ils persévéraient dans l'enseignement des apôtres… Ils étaient chaque jour tous ensemble assidus au temple… » (Act 2.42-47)

Quel était le secret des apôtres pour leur réussite ?

La réponse est simple : d'abord, ils étaient remplis du Saint-Esprit ; ensuite, ils persévéraient dans la prière et dans le service de la Parole (Act 6.4).

En effet, la prière leur permettait d'avoir un contact permanent avec Celui qui les avait choisis.

Ils avaient compris que sans Lui, ils ne pouvaient rien faire (Jn 15.5). Il ne peut y avoir de bons fruits dans la mission sans l'œuvre de la puissance du Saint-Esprit, la communion avec Jésus dans la prière et un enseignement approfondi et vécu de la parole de Dieu. Cette expérience ne peut pas être remplacée par une formation théologique, de bonnes méthodes ou de bonnes stratégies missiologiques.

Il est très encourageant de voir comment Jésus a honoré sa promesse d'être avec eux. Il est dit que le Seigneur ajoutait chaque jour à l'Église ceux qui étaient sauvés. En plus Jésus accomplissait des miracles à travers les disciples (Act 3.6-8; 16; 8.7; 9.37)

3.3.3. L'équipement du missionnaire

Comment est décrit celui qui nous envoie ?

En Matthieu 28:18, avant de donner l'ordre suprême à ses disciple, Jésus leur dit que tout pouvoir lui a été donné dans le ciel et sur la terre. Nous devons comprendre ces paroles à la lumière d'autres textes de la Bible. Christ, après avoir vaincu le péché, la mort et le diable, devait être souverainement élevé par Dieu (Ph 2.9). Dieu a tout mis sous ses pieds (1Cor 15.25). Pour mieux comprendre l'idée du pouvoir de Jésus, il faut lire Daniel 7.13-14. Là, il est question de Jésus, le fils de l'homme qui reçoit la gloire, l'honneur et la domination éternelle. Il est précisé que sa royauté ne sera jamais détruite. Jésus a envoyé les soixante-dix disciples et leur a dit à leur retour:

« Voici, je vous ai donné le pouvoir de marcher sur les serpents et les scorpions et sur toute la puissance de l'ennemi, et rien ne pourra vous nuire » (Lc 10.19).

Celui qui nous envoie, c'est Celui qui a le dernier mot sur toutes choses ; c'est l'Alpha et l'Omega ; il nous dit de ne pas avoir peur; Jean nous rapporte les propos de Jésus en ces termes :

« Quand je le vis, je tombai à ses pieds comme mort. Il posa sur moi sa main droite en disant : soyez sans crainte ! Moi, je suis le premier et le dernier, le vivant. J'étais mort, et me voici vivant aux siècles des siècles. Je tiens les clefs de la mort, et du séjour des morts » (Ap 1.17-18).

Non seulement, celui qui nous envoie est le Tout-Puissant, mais de plus Il est avec nous jusqu'à la fin du monde. Marc témoigne que quand les disciples exécutaient l'ordre reçu, le Seigneur travaillait avec eux et confirmait la parole par les signes qui l'accompagnaient. (Mc 16.20).

Nous l'avons vu maintes fois dans les textes parlant de mission, Jésus commençait ou terminait son discours par une promesse liée à la puissance du Saint-Esprit. Jésus lui-même ne comprend pas la mission divine sans équipement nécessaire. Il a insisté pour que les disciples ne s'éloignent pas de Jérusalem, mais qu'ils attendent la promesse du Père, c'est-à-dire celle du baptême dans le Saint-Esprit (Act 1.4-5). Pour demeurer dans cette puissance, il faut des moments de prière et de méditation de la parole de Dieu sans oublier le jeûne.

Il serait incomplet de parler de la mission sans parler de la manière de mobiliser l'Église.

3.4. POUR UNE MOBILISATION EFFICACE DE L'ÉGLISE

3.4.1. Mobilisation en profondeur

Sous ce point, nous voulons proposer quelques principes d'une mobilisation effi-cace pour réussir la Grande Commission de Jésus. Nous voulons proposer une mobilisation basée sur un discipulat qui tient compte d'une missiologie systémati-que et une pratique axée sur des méthodes d'une éducation chrétienne liant la foi du chrétien à son existence, c'est-à-dire à la vie pratique. Pourquoi l'adjectif *effi-cace* ?

Selon le Larousse, *efficace* signifie *ce qui produit l'effet attendu; se dit de quel-qu'un dont l'action aboutit à des résultats utiles.* On comprend bien qu'il s'agit de ce qui a de l'efficacité, terme que le Robert définit comme capacité de produire le maximum de résultats avec le minimum d'effort.

Dans ce sens, il faut comprendre la mobilisation efficace comme une mobilisation susceptible de produire un maximum de résultats dans le domaine de l'évangélisation des chrétiens nominaux et des peuples non-atteints. C'est une mobilisation en profondeur, qui touche tout l'être du chrétien, à savoir son corps, son âme et son esprit. Un discipulat axé sur la mission utilisant des méthodes pédagogiques appropriées est la voie obligée.

3.4.2. Organisation pour une mobilisation efficace

Selon le Larousse, le verbe mobiliser signifie *faire appel à l'action de quelqu'un, d'un groupe. Être d'un intérêt suffisant pour faire agir quelqu'un, un groupe.* Dans le contexte militaire, il s'agit de prendre toutes les mesures nécessaires pour que les forces militaires d'un pays puissent assurer sa défense, adapter la structure de son économie et de son administration aux nécessités du temps de guerre.

Partant de ce qui précède, dans le cadre de l'ordre de mission de Jésus, nous pou-vons dire que la mobilisation est une procédure de faire appel à l'action de tous les chrétiens, de toutes les Églises dans un effort collectif pour atteindre un but com-mun, celui d'évangéliser les peuples non-atteints.

Une fois que les chrétiens sont devenus des disciples de Jésus et animés de la passion pour la mission, cela suppose qu'ils sont comparables à l'armée d'un pays qui est bien formée et prête à être mobilisée pour la guerre à n'importe quel mo-ment. Dans le cas contraire, comment mobiliser une armée sans aucune formation, sans tactiques militaires, sans entraînements? Un disciple de Jésus axé sur la mis-sion est un soldat prêt pour le combat et prêt à mourir pour la cause de la « Grande Commission ». C'est quelqu'un qui est dirigé par la Parole de Dieu, rempli du Saint-Esprit et dont la vision ne peut être autre que travailler pour le développe-ment du royaume de son Père. Le célèbre missionnaire William Carey en est un modèle :

« Pénétré de la Parole de son Dieu, rempli de son Esprit, William CAREY devint et demeurera un homme de vision des multitudes qui se perdent à travers le monde… .

Il a été l'homme de cette vision et de cette passion des âmes. Tout, pour lui, était subordonné au salut des perdus ».[1]

Pour arriver au but assigné, il faut des ressources humaines, spirituelles, financières, matérielles, morales, etc.

L'organisation suppose de bonnes stratégies. Le terme *stratégie*, selon le Larousse, doit être compris comme *l'art de coordonner des actions, de manœuvrer habilement pour atteindre un but.* Cette partie de la mobilisation proprement dite va consister à réunir les ressources nécessaires et à s'organiser.

3.4.3. Quelques exemples de mobilisation

Nous louons les efforts entrepris en Afrique par quelques leaders ayant une vision claire quant à l'évangélisation du continent. Nous avons quelques exemples de mobilisation encourageants :

3.4.3.1. Exemples du Pasteur Moïse Napon

Le pasteur Moïse Napon propose les éléments suivants pour la mobilisation des Églises, tels que :

❑ Partager la vision avec d'autres

❑ Canaliser la vision

❑ Conduire l'équipe dans la vision

❑ Mobiliser les hommes autour d'une vision

❑ Bien s'organiser pour bien mener les actions

❑ Savoir planifier pour réussir Tenir la « Grande Commission » comme facteur de sensibilisation

❑ Mobiliser les ressources existantes

❑ Créer des compétences nouvelles

Il relève quelques obstacles à la mobilisation

❑ La mauvaise communication de la mission

❑ Le manque de prière

❑ Les oppositions

Il relève également certains travers à combattre

❑ Le népotisme

❑ Le favoritisme

---

[1] Y.R. FARELL, *William Carey*, Paris, Fédération des Églises Évangéliques Baptistes de France, 1984, p. 8.

❑ Le sexisme

❑ La bureaucratie

3.4.3.2. Exemples tirés de la Consultation sur les Missions Indigènes

La consultation sur les missions indigènes du 24-29 mars 2003 à Ibadan, Nigeria, a élaboré un certain nombre de propos par rapport à la mobilisation des Églises.

3.4.3.2.1. Le Modèle de mobilisation de tous les membres de l'Église locale par le « World Trust »

Ils organisent un séminaire sur la mission dans le monde, en huit sessions, destiné aux Églises locales, avec pour objectif d'amener chaque membre à avoir une participation optimale dans l'évangélisation du monde.

Les points culminants des huit sessions :

❑ Mandat missionnaire mondial

❑ Le mandat de l'Église est d'apporter l'Évangile au monde entier

❑ Pour une mise en application, le pasteur doit s'engager à prier pour les missions et à organiser un « **Dimanche des Missions** » une fois par mois

❑ Les membres de l'Église locale sont formés

❑ On organise des débats, des discussions sur la mission dans le monde

❑ Amener la direction de l'Église locale à une déclaration d'intention pour l'Église

❑ Personnalisation : La clé pour la participation de chaque membre. Chaque membre doit participer aux missions selon ses talents. « World Trust » donne également d'autres dynamismes qui permettront à l'Église de maximiser sa participation en mission

❑ Evénements centrés sur la mission (organisés annuellement)

❑ Des sorties de mission de courte durée

❑ Participation financière

❑ Participation par la prière

3.4.3.2.2. La Structure de financement des missions de Gospel Bankers /INC par TORITSEMOTSE F.T.

L'approche de la collecte des fonds comprend :

❑ Un programme de sensibilisation

❑ Une réunion intérieure

❑ Une sensibilisation interpersonnelle

- ❑ La sensibilisation de l'Église
- ❑ La sensibilisation des médias
- ❑ Tous les fonds recueillis sont gardés dans une seule bourse
- ❑ L'aide de la mission à la sensibilisation
- ❑ Bulletin périodique d'information
- ❑ Lettres spéciales
- ❑ La circulation des requêtes pour le soutien
- ❑ La circulation de la reconnaissance du soutien reçu
- ❑ La circulation des requêtes pour la formation
- ❑ La circulation des requêtes des antennes pour les antennes

Mobilisation pour la prière

Ils mobilisent les prières de soutien pour les missions par le biais :

- ❑ Des cellules de prière
- ❑ Des prières concertées entre les différentes missions
- ❑ Des veillées régulières de prière

Toutes ces méthodes et stratégies sont bonnes et méritent d'être soutenues car elles offrent des résultats positifs. La question qui reste posée est celle de savoir : Quel est le degré de potentialité spirituelle, de volonté, d'engagement et de connaissance de la mission des chrétiens mobilisés ou qui seront mobilisés ? En d'autres termes, quel est leur niveau en discipulat axé sur la mission ? Ces chrétiens ont-ils reçu un enseignement biblique suffisant, tenant compte de l'importance de la mission à travers toute la Bible ?

3.5. QUELQUES PRINCIPES IMPORTANTS A RETENIR:

- ❑ Avoir un comité de mission dans l'Église
- ❑ Partager la vision avec les collaborateurs
- ❑ Partager la vision avec l'Église entière
- ❑ Prier pour la vision
- ❑ Tout chrétien (et toute chrétienne) a quelque chose à faire pour la mission

Tous n'ont pas les mêmes dons. On peut :

- ❑ Être intercesseur
- ❑ Être envoyeur (par un soutien financier ou matériel)
- ❑ Être missionnaire à court terme

❑ Être missionnaire à part entière

L'organisation incombe au Comité de mission. Celui-ci doit veiller à ce que toutes les activités en rapport avec l'œuvre missionnaire se déroulent dans de bonnes conditions :

❑ Organisation des ressources humaines

❑ Organisation des ressources financières

❑ Organisation des ressources matérielles

❑ Informations sur la mission

❑ Visites aux missionnaires

❑ Examen des rapports des missionnaires

❑ Organiser les témoignages des missionnaires

❑ Organisation des séminaires sur la mission

❑ Organisation des journées et des semaines de missions

❑ Veiller à l'éducation des enfants des missionnaires, etc. Les résultats positifs dépendront de la mise en commun des forces vives de l'Église.

En résumé, une mobilisation efficace pour la mission comprend dans chaque Église locale :

❑ Le disciplulat axé sur la mission

❑ Un comité de mission

❑ L'adoption d'un ou plusieurs peuples non-atteints

❑ La prière

❑ Une vision claire et partagée

❑ Une mobilisation des ressources existantes

❑ Avoir les évènements centrés sur la mission (ex. Un **dimanche des missions** par mois).

En plus, chaque chrétien doit se sentir concerné. Il doit s'engager régulièrement au moins dans l'une des activités suivantes :

1. Être engagé régulièrement dans la prière pour la mission

2. Être envoyeur (contribuer financièrement, matériellement, etc.)

3. Faire des missions de courte durée

4. Être envoyé comme missionnaire à plein temps

3.6. LE PARTENARIAT POUR LA MISSION

Pour ce faire, il faut l'unité du Corps de Christ. L'unité est l'un des concepts ayant préoccupé Jésus vers la fin de sa mission dans le monde actuel. En Jean 7.20-23, nous voyons comment Jésus prie pour que ses disciples soient un afin que le monde puisse croire et savoir que c'est Dieu le Père qui l'a envoyé. En dehors de la « Grande Commission », « c'est l'une des plus grandes déclarations de Jésus sur la mission »[2].

Nous avons déjà vu que le message de Jésus était centré sur le *royaume de Dieu*. La Bible nous encourage à collaborer pour ce même royaume.

C'est dans ce sens que le partenariat est une option à adopter dans l'Église en Afrique, particulièrement en Afrique Francophone.

Qu'est-ce que travailler en partenariat ?

> « Travailler en partenariat, c'est quand il existe une relation intime de travail entre des individus et/ou des organisations, qui se mettent d'accord pour travailler ensemble pour un objectif spécifique parce qu'ils peuvent réaliser plus ensemble que par eux-mêmes »[3].

Dans le partenariat chacun amène des ressources dont il dispose, et les efforts sont conjugués pour atteindre le même but. Dans notre contexte, les Églises et les agences missionnaires peuvent travailler en partenariat dans différents domaines : formation, éducation, implantation d'Églises, etc.

Nous pouvons parler également d'un besoin réel de *partenariat entre l'Afrique Centrale Francophone et l'Afrique Occidentale Francophone*. Comme nous le voyons dans le chapitre premier, l'Afrique Centrale est plus christianisée tandis que l'Afrique Occidentale est plus islamisée et animiste. Néanmoins, l'Afrique Occidentale est plus sensibilisée à la mission transculturelle que l'Afrique Centrale, mais ce n'est que le début. Les deux sous régions peuvent créer des partenariats dans différents domaines : formation missiologique, implantation d'Églises, œuvres sociales, etc. Il y a un moyen d'élaborer des programmes pouvant aider à la formation des *disciples efficaces*.

---

[2] Centre missionnaire du Sahel, « Investi pour servir », *op. cit.*, p. 115.

[3] Younoussa DJAO, « Entrer en partenariat pour terminer le travail », Exposé à la Consultation sur les Missions Indigènes, Ibadan, Nigéria, 24-29 mars, 2003.

CHAPITRE IV

ÉBAUCHE DE PROGRAMME DE DISCIPULAT AXÉ SUR LA MISSION

Dans ce chapitre, nous proposons un essai de programme destiné à former des disciples dont la mission transculturelle est une priorité. Ce programme est conçu avant tout pour la catégorie des adultes. Il tient compte des réalités contextuelles de nos pays francophones africains et de nos trois défis principaux : l'islam, les religions traditionnelles africaines et le nominalisme chrétien. Il y a un quatrième défi qui s'annonce, celui des villes. L'urbanisation de l'Afrique s'accélère considérablement. Il faudra des stratégies appropriées.

Néanmoins, l'adaptation du programme s'impose dans chaque milieu, car deux collines voisines peuvent avoir quelques différences culturelles.

À partir de ce programme, on peut en élaborer d'autres, selon les âges et départements au sein de l'Église. Il est orienté vers le triangle de formation visant la tête, le cœur et la main ; il aborde donc les connaissances ou le savoir, l'être et le savoir-faire.

Ce chapitre est composé de l'ébauche du programme de discipulat axé sur la mission. Cette partie comprend le salut, la délivrance, l'affermissement et la missiologie.

4.1. DOCTRINE DU SALUT

4.1.1. Les termes clés en rapport avec le salut

4.1.1.1. Le péché

Qu'est-ce que le péché ? (Gen 2.16-17; 3.11; Jn 16.9).

Tous ont péché et sont privés de la Gloire de Dieu (Rom 3.23; 1Jn 1.6-8, 10)

Le salaire du péché, c'est la mort (Rom 6.23)

Le plus grand péché : « ne pas croire en Jésus » (Jn 16.9)

Un seul chemin au salut (Jn 14.6; Act 4.12; 1Tim 2.5-6)

4.1.1.2. Le salut

Jésus-Christ est mort pour nous (Rom 5.8)

Jésus est le seul chemin pour arriver au salut (Jn 14.6; Act 4.12; 1Tim 2.5-6)

Le salut est un don (Eph 2.8-9)

Recevoir le salut (Jn 1.12; Ap 3.20)

La foi (Héb 11.1, 5, 6)

Accepter Jésus comme Seigneur (Rom 10.9)

Obéir aux prescriptions de Jésus (Mt 28.20; Jn 14.15; Jn 14.23-26; Act 2.42; Jc 1.21-25)

L'assurance du salut (Jn 3.16; 3.36; 5.24; 1Pi 5.11-12)

4.1.1.3. La repentance

Messages de repentance (Mc 1.15; Mt 3.2, 11; Lc 3.3; Act 2.37; 3.19)

Conditions pour le salut (Lc 13.3; Act 2.38; Mt 18.3)

4.1.1.4. La conversion (Act 3.19; 15.3; 26.20)

4.1.1.5. La confession (Lév 26.40; Jos 7.19; Ps 32.5; Mt 27.4, 1Jn 1.9; Jc 5.16)

4.1.1.6. La nouvelle naissance-régénération (Jn 3.3-7; Jér 31.31-34; Ez 11.19-21; Tite 3.5; 2Cor 5.17; Rom 7.22; Jn 1.2)

4.1.1.7. La justification (1Cor 1.30; Rom 3.24; 5.1; Gal 2.16)

4.1.1.8. La sanctification (Lév 11.44-45; 20.7; 1Thes 4.3, 7; Rom 1.7; 1Pi 1.15, 16; Act 15.9; 1Thes 5.23-24).

4.2. SÉANCES PRATIQUES

4.2.1. Prière

4.2.2. Délivrance par le groupe d'intercesseurs de l'Église

◆ Jésus est venu racheter le monde (Lc 1.71-74, Héb 2.14-15; Héb 2.14-15; sa mort : Mt 20.28; Eph 1.7; 1Tim 2.6, Héb 9.12)

◆ Jésus nous délivre

  * de la malédiction de la Loi (Gal 3.13; 4.5)

  * de la colère de Dieu (1Thes 1.10)

  * de la mort (Rom 7.24-25; Héb 2.15)

◆ Christ a triomphé des puissances des ténèbres (1Jn 3.8)

◆ La délivrance se fait par invocation de Jésus (Act 10.38, Rom 10.13)

4.3. SÉANCES PRATIQUES

4.3.1. Comment témoigner ?

4.3.2. Méthodes d'évangélisation

4.4. AFFERMISSEMENT I

4.4.1. Ce qui montre que tu es né de nouveau

◆ Témoignage intérieur (1Jn 5.10; Rom 8.16)
◆ L'amour envers Dieu (1Jn 5.2, 10)
◆ L'amour envers les frères (1Jn 2.10-11; 1Jn 3.14)
◆ Nous aimons les commandements de Dieu (Ps 119.16; 1Jn 5.2-3; 1.5)

4.4.2. Chercher l'intimité avec Dieu (1 Jn 1.3)

◆ Aimer témoigner
◆ Aimer la parole de Dieu
◆ Aimer Dieu
◆ Le désir de louer Dieu
◆ Haïr le péché (1Jn 5.18; 3.9-10; Gal 6.1; 1Jn 2.1-2)

4.4.3. Les privilèges d'être né de nouveau

Nous sommes vainqueurs (1Jn 5.4-5; 14-15; Ap 12.11)

Nos prières sont exaucées (1Jn 5.14-15)

La protection (1Jn 5.18-19; 2Tim 1.12; Jn 10.28-29; Ps 91.1-7; 9-11)

La guérison (Ex 15.26; Ps 103.3; Ps 107.20; Mal 4.2; Mt 4.23; Ap 22.2; Es 53.5; 1Pi 2.24)

Nous avons accès aux promesses (2Pi 1.4; Héb 6.12; 2Cor 1.20; Act 2.39)

Jésus porte nos fardeaux (Mt 6.25-33; 1Pi 5.7; Phil 4.6)

Nous avons un guide (Ps 32.8, Es 42.8; Ps 23.2; Es 48.17; Mt 6.13; Ps 139.10)

Nous avons la vie éternelle (1Jn 5.11-13; Jn 3.16; 5.24)

Nous sommes les enfants de Dieu (1Jn 3.1; Jn 1.12)

Nous avons les mérites de la mort de Jésus (Eph 2.6)

Le service du Saint-Esprit (Jn 14.16-17; Jn 15.26; 16.7-14)

4.4.4. Les responsabilités de celui qui est né de nouveau (chrétien)

◆ À l'égard du salut
(Ph 2.12)

◆ L'ordre de mission de Jésus (témoignages, prédications et enseignements)
(Mt 28.18-20; Mc 15.15-16; Rom 10.14; Mt 26.13; 2Cor 5.19-20; 2Tim 4.12;
Prov 11.30;Lc 24.47-48; Mt 24.14, Mt 4.23; Mc 1.14; Act 14.3; 20.20-21;
Rom 16.25-26; 1Cor 2.4-5,Lc 9.26; 2Tim 4-2.)

◆ Envers le Corps du Christ
(Rom 12.4-10; 1Cor 10.17; Eph 5.32-33)

◆ Envers nos dirigeants
(Héb 13.7; 1Pi 2.13-26, 1Tim 5.1)

◆ Envers notre nation
(2Chr 7.14)

◆ La prière
(Lc 18.1; 1Thes 5.17; Jc 5.16b; Eph 6.18; Tim 2.1-3)

◆ Louange
(Ps 150.6; Ps 65.1; 50.23; 22.3)

◆ Envers les inconvertis
(Héb 12.14; 1Tim 3.4; Mt 5.16)

◆ Envers les frères et sœurs
(Héb 13.1; Jac 4.11; 2.14-17; Gal 6.1-2; 5.13-1; 1Cor 6.1-7; 8.9-13;Jn 17.21-
23, Mt 5.23; 1Jn 3.23; 1Jn 3.14-18;1Jn 4.7-11, 21; 1Jn 2.9-11; Prov 27.5)

◆ Attitude envers Dieu
(Mc 12.30; Lc 10.27; 1Jn 5.23; Jn 15.10; 4.14; 14.23)

◆ Des parents envers les enfants
(Eph 6.4; Tit 1.6; Deut 4.10; Prov 19.18; 22-15; 29.15, 17; Tim 3.4-5)

◆ Des enfants envers les parents
(Prov 23.22; Eph 6.1;Lc 2.51; Prov 29.3; 28.24; 27.11)

◆ Une vie exemplaire
(Jn 13.15; 1Tim 4.12; 1Pi 2.21)

◆ Une vie juste
(Matt 5.20)

◆ Responsabilités financières (dîme, offrande)
(Gén 14.26; Héb 7.6; Gén 28.22; Lév 27.30; Prov 3.9; Mal 3.8; Nb.18.21;
2Chr 31.5; Néh 10.37; Héb 7.5; Lév 22.21;Deut 15.21; Mal 1.13)

◆ Mettre en application la victoire du Christ
(Lc 10.19; Eph.3.10, 2Cor 10.3-5; Eph 6.10-18)

◆ Attitude des serviteurs envers les maîtres
(Prov 29.19; Eph 6.5-8)

◆ Attitude des maîtres envers les serviteurs
(Eph 6.9)

◆ Attitude envers la parole
(Prov 29.9; 30.5; Jos 1.8; Col 3.16; Phil 2.16; 1Thes 4-18; 1Tim 4.6; Jc 1.21-22; 1Pi 2.2; 1Jn 2.5; Ap 3.8; Ps 119.105; 119.11)

◆ Aider les laboureurs (Champs de missions)
(Rom 10.15;Lc 10.7; 1Tim 5-18)

◆ Responsabilités civiles
(1 Pi 2.13)

4.5. SÉANCES PRATIQUES

4.5.1. Découvrir sa passion (Ps 37.3-5; Gal 1.15-16)

4.5.2. Découvrir ses dons (1Cor 12; Rom 12.6; Eph 4.16; 1Pi 4.10)

4.5.3. Évangélisation

4.6. LES BASES BIBLIQUES DE LA MISSION[1]

4.6.1. LA MISSION DANS L'ANCIEN TESTAMENT

4.6.1.1. L'homme – une créature spéciale

4.6.1.2. L'homme séparé d'avec Dieu

4.6.1.3. Le chemin du salut

4.6.1.4. La mission : fondement de la Bible

4.6.1.5. Abraham, missionnaire de Dieu

4.6.1.6. Israël, un peuple appelé à être missionnaire

4.6.2. LA MISSSION DANS LE NOUVEAU TESTAMENT

4.6.2.1. Jésus, le missionnaire par excellence

4.6.2.2. Le thème central de la mission

4.6.2.3. Les apôtres et la mission

4.6.2.4. L'apôtre Paul, missionnaire des païens

4.6.2.5. Les chrétiens laïcs et la mission

4.6.3. LA MISSIOLOGIE SYSTÉMATIQUE

4.6.3.1. La création

4.6.3.2. Le rôle des Ecritures dans la mission

4.2.3.3. Le péché

4.2.3.4. Le rôle de Dieu dans la mission

4.2.3.5. Le rôle de Jésus dans la mission

4.6.3.6. Le rôle du Saint-Esprit dans la mission

4.6.3.7. Le rôle de l'homme dans la mission

---

[1] Pour les explications et les passages bibliques, voir le chapitre II, p. 23 à 42.

4.6.3.8. Le rôle des animaux dans la mission

4.6.3.9. Le rôle des anges dans la mission

4.6.3.10. Le rôle de l'Eglise dans la mission

4.6.3.11. La louange, couronnement de la mission

4.7. CONNAÎTRE SA CULTURE ET SON MILIEU[2]

Un vrai disciple doit connaître sa culture et les relations de celle-ci avec l'Évangile. Ceci est un fait essentiel car, par rapport à la mission transculturelle, c'est à partir de la connaissance de sa culture qu'on peut connaître une autre culture. Nous vivons à une époque de modernisation dans laquelle beaucoup de jeunes ignorent la culture de leurs tribus. En plus de cela, le vrai disciple aura des notions sur les défis de son milieu religieux: l'islam et les religions traditionnelles africaines sans oublier quelques sectes. Pour que celui-ci soit efficace, il apprendra quelques méthodes d'évangélisation et comment diriger un groupe d'étude biblique... Beaucoup de séances pratiques seront organisées.

4.7.1. LA CULTURE

4.7.1.1. Définitions

4.7.1.2. Identification de la tribu

◆ Langue et dialectes de la tribu
◆ Le milieu géographique de la tribu
◆ Les facteurs biologiques
◆ L'histoire de la tribu

4.7.1.3. Économie

Etude des éléments composants l'économie de la tribu :

◆ La nourriture
◆ Les boissons
◆ Les tabous en rapport avec la nourriture
◆ Les sources d'énergie
◆ La santé et l'hygiène

---

[2] Je me suis inspiré de mon expérience et surtout de quatre documents :

* Hannes WIHER, *L'Évangile et la Culture de la Honte en Afrique Occidentale*, Bonn, VKW, 2003.
* Paul G. HIEBERT, *Mission et Culture*, Saint-Légier, Emmaüs, 2002.
* *Petit guide d'anthropologie*, Nairobi, SIL, 1977.
* S.P. GATERA, *op. cit.*

- Les animaux
- Les occupations
- Le cycle annuel
- L'habitation
- L'habillement
- L'artisanat
- Les transports
- La communication
- La richesse et sa distribution
- Les salaires

4.7.1.4. La religion

- La conception de « Dieu »
- Ses noms
- Ses attributs
- Ses relations avec l'homme
- Ses relations avec le cosmos
- Ses relations avec les intermédiaires
- Les ancêtres
- Les esprits supérieurs
- Autres esprits
- Leur monde invisible
- La communication avec les esprits (divination)

4.7.1.5. La vie

- Différentes conceptions de la vie
- Le rôle de « Dieu » dans la vie
- La conception cyclique de la vie

4.7.1.6. Le milieu social et politique

- La famille
- Le clan
- Le chef du clan et son autorité
- La fraternité
- L'organisation sociale et politique
- Les rites
- Le rôle de la parole, du symbole et du rythme dans les rites
- La magie
- La danse (symbole et rythme)

◆ Les sorciers

◆ Les interdits

4.7.1.7 La conception du monde

◆ Différencier le comportement, les croyances et la conception du monde

4.7.2. ÉVANGILE ET CULTURE

◆ L'Évangile au regard de la culture
(distinguer l'Evangile de toutes les cultures)

◆ L'Évangile dans la culture
(l'Évangile doit toujours s'exprimer dans des formes culturelles)

◆ L'Évangile est au-dessus de toutes les cultures

◆ La culture de la honte et l'Évangile

◆ La culture de culpabilité et l'Évangile

◆ La contextualisation de l'Évangile (étude de plusieurs cas)

4.7.3. L'ISLAM (notions)

4.7.4. LES RELIGIONS TRADITIONNELLES AFRICAINES (notions)

4.7.5. LES SECTES RELIGIEUSES (dans le milieu)

4.8. AFFERMISSEMENT II

4.8.1. LA SEIGNEURIE DE JÉSUS

Dieu a fait Jésus Seigneur et Christ (Act 2.36)

Jésus désire être le Seigneur de la vie de chaque croyant. Le terme « *Seigneur* » peut signifier: *Propriétaire, Chef, Gouverneur, Maître, Souverain, Haute Autorité, Roi*, etc.

Expliquer la signification du terme *Seigneur* dans la langue maternelle.

Expliquer les relations entre le roi et ses sujets.

Jésus, le Seigneur (2Cor 13.14; 2Th 1.2; 1Cor 1.9; 1Tim 1.2)

Jésus déclaré Seigneur par sa résurrection (Ph 2.8-11)

Jésus est appelé Seigneur (Act 2.21; Rom 10.13; 2Tim 2.19)

Jésus, le Seigneur de tout (Act 10.36; Rom 14.9)

Jésus, le Seigneur des seigneurs (Ap 17.14)

Nous devons contempler Jésus comme Seigneur (Rom 10.9; Phil 2.11)

Les chrétiens doivent obéissance totale à Christ (Jn 14.13, 23; Rom 1.5; 1Cor 9.21; Gal 6.2; Héb 5.9)

Il faut remarquer que dans le N.T., le mot *Sauveur* apparaît *24 fois*, et *Seigneur* arrive *plus de 600 fois* démontrant l'importance de la Seigneurie du Christ dans la Bible.

4.8.2. LES CONDITIONS DE DISCIPULAT

- ◆ Mt 16.34, Lc 9.23-26; 14.25-33; Mc 8.34-38; Lc 9.57-62; Mt 19.21-26; Gen 12.1-3; Héb 11. 24-27

- ◆ Qu'il renonce à lui-même (le moi)
  (Eph 4.22; Col 3.9; Gal 5.16; Rom 8.7)

- ◆ La nature humaine (le moi) est innée en nous
  (Job 15.14; Ps 58.3; 51.5, Jn 3.6; Rom 8.8; 1Pi 1.18)

- ◆ La vie dans la chair : ennemi de la piété
  (Rom 8.5-8, Act 9.1, 5; Mt 16.13-17)

- ◆ Les manifestations de la chair
  (Gal 5.19-21; Rom 8.7-8; Eph 4.22, 25-29; Col 3.5-9)

- ◆ Le jugement de Dieu sur la nature humaine
  (Jn 3.3,5-6; Rom 8.6-8; Deut 21.18-21; 1Pi 1.18)

- ◆ L'humain s'oppose au spirituel
  (Rom 7.5-7; 8.2; 1Cor 15.39-50; 2Cor 5.16-17; Gal 5.17)
  Exemples :
  * Adam et Jésus (1 Cor 15.45-50, Jn 7.19-26)
  * Caïn et Abel (Gen 4.8-15)
  * Ismaël et Isaac (Gen 21.8-9, Gal 4.28-29)
  * Les frères de Joseph et Joseph (Gen 37.8-36)

4.8.3. LA VICTOIRE SUR LA CHAIR

- ◆ Renonce à toi-même
  (Lc 9.23)
- ◆ Oublie-toi toi-même
  (Mt 26.48-54; 27.12-14, 25-31; 1Pi 2. 23)
- ◆ Dis non à ton « *moi* » et refuse-toi toi-même
  (2Sam 16. 5-12; 19.18-23)
- ◆ Renie-toi toi-même
  (Ph 3.4-9, Act 16.1-3)
- ◆ Refuse ton « *moi* », abandonne-toi toi-même
  (1Cor 9.3-6; 1R 19.19-21, Gen 11.26-29, Gen 12.1-4)

◆ Ne tiens pas compte de ton *moi* et ignore-le
(Jn 4.6-8, 31-34; Act 21.8-1)

◆ Exemples des hommes qui ont refusé de renoncer à leur *moi* :
Ghéhazi (2R 5.15-27)
le jeune homme riche (Mc 10.17-23)

◆ Livre ton corps à l'«ancien»
(Deut 21.18-23)

◆ Il faut savoir que :
*Ton vieil homme a été crucifié avec Jésus (Rom 6.6)
*La condition de délivrance, c'est la mort (Rom7.1-4; Rom 6.5; 7.8)
*Jésus a payé le prix (la mort) pour notre délivrance des liens de la chair
*Ton « *moi* » a été crucifié avec Lui
(Héb 2.9, 14-15; 2Cor 5.14-15; Es 53.46; Gal 2.20-21)

◆ La vie de la nouvelle créature
(2Cor 5.17; Rom 6.2,11; Col 2.20-23)

◆ Pense aux choses qui sont en haut
(Col 3.1-4)

◆ Ce n'est pas toi mais Christ
(2Cor 5.17; Col 3.1-10; Gal 2.20-21; Rom 6.3-14; Ph 1.20-21; 1Cor 5.1-10)

◆ *Porte ta croix*
(Lc 9.23; Es 53.5-6; Rom 6.6; Gal 2.20; 6.14)
Expliquer ce que la croix n'est pas (1Cor 1.18; Nbr 21.5-9; 3 Jn 2)
Expliquer ce que la croix est (Mt 16.24; Mt 10.34-38).

◆ Application quotidienne de la croix
(Lc 9.23; Jn 15.18-21; Gal 6.1)

◆ Considère-toi comme mort
(Rom 6.7, 11, 14; 2Cor 5.14; Col 3.3a)

◆ Déclare cette vérité chaque jour
(Gal 6.14, 17; Heb 13.13; Rom 6.7)

◆ Prouve la vie de Jésus en toi
(Gal 2.20; 1Cor 16.19-20; Col 3.4; Phil 1.20-21)

◆ Vis uniquement pour Jésus
(2Cor 5.15; Rom 6.13-14; Rom 14.7-9; 7.5-6; Col 3.16)

4.9. SÉANCES PRATIQUES

4.9.1. COMMENT PRÊCHER ?

4.9.1.1. Théologie du travail :

* Le travail – vocation

      * La sobriété

      * L'ordre

      * La propreté

4.9.1.2. Évangélisation

4.10. HISTOIRE DE LA MISSION

Il s'agit d'un survol de l'histoire de la mission avec quelques exemples des missionnaires qui ont marqué l'histoire. Nous devons chercher à découvrir la passion des âmes, le courage et l'amour des missionnaires, comment le Saint-Esprit agissait en eux. Il faut également découvrir le secret de leur vie, de leur force morale et spirituelle.

1) Jésus et son époque

2) L'Eglise primitive

3) Constantin :   * l'an 313 après J.C.

4) Le catholicisme

5) L'islam :   * l'an 622 après J.C.

6) Les croisades :   * 1096-1270 après J.C.

7) La Réforme :   * 1517 après J. C. : *Luther, Calvin...*

8) Le Grand Réveil :   * 1741 après J.C. : *Zinzendorf, Whitefield, Wesley,*

9) La mission aux 19è et 20è siècles, 1ère phase: William Carey

10) La mission sur les côtes des continents : 1792-1910

11) Les mouvements produits par cette 2ème phase : Hudson Taylor

12) La mission à l'intérieur des territoires : 1865-1910

13) Les mouvements produits par cette 3ème phase:
Donald Mc Gavran, Cameron Townsend
* 1934 à nos jours.
Les peuples cachés et non-atteints

14) Les mouvements produits par cette phase

    a. AD 2000

    b. Joshua Project

15) Survol de l'histoire missionnaire en Afrique

    a. Les 1ères Églises : Égypte – Éthiopie

    b. Quelques pionniers : David Livingstone

    c. Les missionnaires africains

Ex : * Ajayi Samuel Crowther, 1806-1891 (Nigéria)

     * William Wadé Harris (Libéria)

d. L'histoire missionnaire du pays

e. L'histoire missionnaire de quelques dénominations selon le contexte du pays

f. L'histoire missionnaire de sa dénomination et de son Église locale

4.11. SÉANCES PRATIQUES

4.11.1. Prières

4.11.2. Évangélisation

4.11.3. Visite de missions

4.12. AFFERMISSEMENT III

4.12.1. Connaître et demeurer dans la volonté de Dieu

Nous pouvons connaître la volonté de Dieu (1Thes 5.16-18; Eph 5.17; Rom 12.2; Col 1.9; Héb 10.9; 2.4; Jn 5.30; 7.17; Lc 22.42)

4.12.2 Comment connaître la volonté de Dieu ?

Dans la Bible, car il est dit que Dieu a un plan défini pour ma vie (Ps 37.2; Jér 29.11)

◆ La volonté de Dieu ne s'arrête pas à cause de notre âge (Es 58.11)

◆ La volonté de Dieu est spécifique (Es 30.21; Prov 15.19)

◆ La volonté de Dieu pour nous se trouve dans les Saintes Ecritures :

  • Nous apprenons beaucoup de Dieu (Col 1.9)

  • Nous croissons dans sa grâce (1Thes 4.3)

  • Nous étudions sa parole (2Tim 3.14-17)

  • Nous partageons notre foi (Act 1.8; 1Tim 2.4)

    Exemples :   Elie (1R 19.8)

               Daniel (Dan 9.3; 10.3)

               Esdras (Esd 10.6)

               Néhémie (Néh 1.4)

               Paul (2Cor 6.5; 11.27)

4.12.3. Connaître la volonté de Dieu par la soumission au Saint-Esprit

Cinq principaux ministères du Saint-Esprit pour le croyant :

1) Il régénère le croyant (Jn 3.5, 6; Tite 3.5)

2) Il baptise le croyant (1Cor 6.19; Rom 8.9)

3) Il oint le croyant

4) Il scelle le croyant (Eph 1.13; 4.30)

5) Il remplit le croyant (Act 2.4; 4.8; 7.55; 13.52)

4.12.4. Connaître la volonté de Dieu par la prière et le jeûne :

Dan 9.3-4; Jos 9.4; Jc 1.5; Ps 143.8; Jc 4.2; Néh 2. 4-8; *David* (1Sam 23.4-6; 1Sam 30.7-8)

À éviter dans le jeûne :

1) S'abstenir du sommeil (2 Cor 6.5; 11.27)

2) La nourriture : Mt 4.1-2

3) Relations sexuelles (1Cor 7.15)

4) Autres formes de plaisir : Exemple : Moïse (Deut 9.9; 18.25-29)

4.12.5. Comment obéir au Saint-Esprit ?

Obéis promptement au Saint-Esprit quand :

- Il révèle (Jn 16.13)
- Il guide (Jn 16.13)
- Il convainc (Ps 139.23, 24; 19.12-14)
- Il instruit (Jn 14.26)
- Il rappelle (Jn 14.26)
- Il conduit (Rom 8.14; Gal 5.18)
- Il avertit (Gal 5.16-17)

4.12.6. Choisir selon la volonté de Dieu

◆ Mauvais exemples de choix selon nos propres valeurs humaines :

    * *Esaü* (Gen 25.30-34; Héb 12.15-16)

    * *Lot* (Gen 13.10-11; 14.12)

◆ Bons choix : **Paul** (Ph 3.7-14)

    * *Moïse* (Héb 11.24-27)

◆ Conditions pour faire de bons choix et prendre de bonnes décisions :

 * La volonté de Dieu (Mt 26.39; 1Jn 2. 16-17)

 * Une valeur éternelle (Lc 12.15, 23; 1Tim 6.18, 19; 2Cor 4.18)

4.12.7. Comment prendre les décisions ?

◆ *Le modèle d'Abraham*

 • L'appel d'Abraham (Gen 12.1-5)

 • Règlement à l'amiable avec *Lot* (Gen 13.6-12)

 • Offrande d'Isaac (Gen 22.1-6)

◆ *Le modèle des femmes dans la Bible*

 • La décision de Ruth de se joindre à la famille de Dieu (Ruth 1.8-18)

 • La décision d'Anne d'offrir Samuel à Dieu (1Sam 1.10-28)

◆ *Le modèle de courage*

 • La décision de David de combattre Goliath (1Sam 17.32-37)

 • Esther prend des risques pour sauver son peuple (Esther 4.10-16). Schadrac, Meschac et Abed-Nego refusent d'adorer les idoles (Dan 3.16-18)

 • Daniel décide de ne pas adorer le roi (Dan 6.7-16)

◆ *Exemples de mauvaises décisions*

 • Eve (Gen 3.1-6)

 • Abraham et Hagar (Gen 16.1-4)

 • Esaü vend son droit d'aînesse (Gen 25.29-34)

 • Balaam et son erreur (Nbr. 22.15-21)

 • Josué conclut une alliance de paix avec les Gabaonites (Jos 9.1)

4.12.8. Priorité dans les décisions

Chercher premièrement le Royaume de Dieu (Mt 6.33; Lc 6.19-31)

Savoir estimer la valeur de la vie (Mt 6.19-25, Lc 12.15-21)

Penser toujours à obéir à Dieu

4.12.9. Considérer Jésus (Ph 2.5- 8)

Pierre et Jean (Act 4.15-20)

Paul (Act 21.10-13)

4.12.10. Calculer le prix à payer (Lc 14.28-32)

Ne pas prendre une décision hâtive (Eccl 5.2)

Faites tout ce que Jésus vous dit (Jn 2.5)

4.13. SÉANCES PRATIQUES

4.13.1. Application à la vie

Chant, mémorisation, dessins, modelages, poèmes, travaux écrits, travaux collectifs, scènes, faire des recherches, animer des conversations et des débats...

4.13.1.1. Application: comment diriger une étude biblique?

4.13.1.2. Évangélisation

4.13.1.3. Visite de missions

4.14. AFFERMISSEMENT IV

4.14.1. Doctrine des Écritures

Ce que la Bible enseigne sur :

◆ La révélation des Saintes Écritures, données par Dieu Lui-même
◆ L'inspiration divine et humaine
◆ Son propre témoignage d'être inspiré par Dieu
◆ Les livres bibliques et leurs auteurs humains

4.14.2. Doctrine de Dieu

Ce que la Bible enseigne sur :

◆ L'existence de Dieu
◆ Le créateur
◆ La nature de Dieu
◆ Les noms de Dieu
◆ Les attributs (qualités) de Dieu
◆ La Trinité

4.14.3. Doctrine des anges

Ce que la Bible enseigne sur :

◆ La nature des anges
◆ Les noms et les fonctions des anges
◆ Le caractère des anges
◆ L'ange tombé: Satan
◆ Les anges déchus, les démons

4.14.4. Doctrine de l'homme

Ce que la Bible enseigne sur :

◆ La création de l'homme (opposée à l'évolution)
◆ La nature de l'homme : corps, âme et esprit
◆ L'image de Dieu: caractère moral, raison, immortalité, sa domination sur la terre

4.14.5. Doctrine du péché

Ce que la Bible enseigne sur :

◆ L'origine du péché
◆ La nature du péché
◆ Les conséquences (suites) du péché

4.14.6. Doctrine de Christ

Ce que la Bible enseigne sur :

◆ La nature de Christ-Dieu et homme
◆ Les fonctions de Christ-prophète, sacrificateur, roi
◆ L'œuvre salvatrice de Christ ressuscité, monté au ciel

4.14.7. Doctrine de l'expiation

Ce que la Bible enseigne sur :

◆ L'expiation dans l'Ancien Testament : les sacrifices
◆ L'expiation dans le Nouveau Testament, le sacrifice du Christ une fois pour toutes
◆ Les conséquences de l'expiation pour l'homme

4.14.8. Doctrine du salut

Ce que la Bible enseigne sur :

◆ Les conditions du salut, la repentance, la foi, la conversion
◆ La justification par la grâce
◆ La nouvelle naissance
◆ La sanctification
◆ La sécurité du salut

4.13.9. Doctrine du Saint-Esprit

Ce que la Bible enseigne sur :

◆ La nature de l'Esprit, ses noms propres et ses symboles

- La présence de l'Esprit dans toute la Bible (A.T. et N.T.)
- Le revêtement de puissance par le Saint-Esprit
- Les dons de l'Esprit et leurs fonctions
- Le Saint-Esprit dans l'Église

4.14.10. Doctrine de l'Église

Ce que la Bible enseigne sur :

- La nature de l'Église : mot décrivant l'Église, noms et illustrations employées
- La fondation de l'Église
- Les membres de l'Église
- Les tâches de l'Église
- Les ordonnances de l'Église : le baptême et la Sainte Cène
- L'organisation de l'Église : gouvernement, ministères.

4.14.11. Doctrine de la fin des temps

Ce que la Bible enseigne sur :

- La mort et l'au-delà
- La résurrection
- La destinée des justes et des impies : les jugements
- La seconde venue de Christ : les signes de sa venue

CONCLUSION

À la fin de ce livre, il convient de savoir que le but poursuivi était celui de démontrer que le discipulat axé sur la mission est la voie obligée si l'Église veut répondre à l'ordre de mission de Jésus.

Après avoir défini quelques termes missiologiques, nous avons montré que la mission en Afrique Francophone a pris beaucoup de retard par rapport à celle de l'Afrique Anglophone. La raison principale de ce retard, c'est que ces pays ont été colonisés par des pays foncièrement catholiques romains qui ne souhaitaient pas l'arrivée des protestants dans leurs colonies. Par rapport à l'évangélisation, trois défis majeurs ont été relevés : l'Islam, les religions traditionnelles africaines et les chrétiens nominaux. Un quatrième défi se présente : celui de la croissance des villes. L'Afrique Francophone de l'Ouest est plus concernée par ces défis majeurs que l'Afrique Francophone Centrale.

Quant à la négligence de l'enseignement missiologique, nous avons démontré que la mission est le fondement de la Bible en présentant ses bases bibliques de l'Ancien Testament au Nouveau Testament. Afin de faciliter la compréhension de ceux qui sont habitués aux données systématiques, nous avons proposé un essai de *missiologie systématique* comprenant onze points importants.

En vue de former les chrétiens matures engagés dans l'ordre de mission de Jésus, nous avons proposé un discipulat axé sur la mission qui répond aux principes utilisés par Jésus dans la formation de ses disciples. Ce système répond à une forte mobilisation et forme des disciples prêts pour la mission. Nous avons donné quelques exemples de mobilisation de l'Église.

Enfin, dans le but d'aider les pasteurs des Églises locales, une « *ébauche de programme de discipulat axé sur la mission* » a été conçue. Celle-ci comprend le salut, l'affermissement, les bases bibliques de la mission, la culture, l'histoire de la mission et la missiologie pratique.

BIBLIOGRAPHIE

A. OUVRAGES GENERAUX

BARBOTIN, E., *Catéchèse et Pédagogie*, Paris, Lethielleux, 1981.

BARBOTIN, E., & CHANTRAINE, G., *Catéchèse et culture*, Paris, Lethielleux, 1977.

Bible d'Étude Semeur 2000, Société Biblique Internationale, Cléon d'Andran, Excelsis, 2001.

BIGIRUMWAMI, Aloys, *Imigani « lima-ngiro » y'u Rwanda. Les contes moraux du Rwanda*, Butare, Éditions de L'Université Nationale du Rwanda, 1987.

BIMENYIMANA, A., « La Rwandisation de L'Enseignement Secondaire. Contribution à l'étude et à l'approfondissement des valeurs culturelles de marques à travers une vision rwandaise du monde pour l'éducation dans le secondaire », Rome, Mons. Pietro Garlato, 1985.

BOURDANNÉ, Daniel, sous dir., *Leadership pour l'excellence*, Abidjan, Presses Bibliques Universitaires, 2002.

CHOUINARD, Germain & COCHRANE, Jack, *Concordance de la Bible*, Sherbrooke, Distributions Évangéliques du Québec, 1980.

COLEMAN, Robert, *Évangéliser selon le Maître*, Braine-l'Alleud, Éditeurs de Littérature Biblique, 1982.

Collectif, « Consultation on Indigenous Missions in Africa. Catalysing, Mobilizing and Multiplying the Resources of the Body of Christ in Africa for the Fulfilment of the Great Commission », Ibadan, Nigeria, 24th-29th March, 2003.

Collectif, *La Culture au risque de l'Évangile*, Rapport de Willowbank, Lausanne, Presses Bibliques Universitaires, 1979.

CREPEAU, P. et BIZIMANA, S., *Proverbes du Rwanda*, Institut National de Recherche Scientifique, Tervuren, Musée royal de l'Afrique Centrale, 1980.

DECORVERT, Jeanne, *Samuel Ayayi Crowter. Un père de l'Église en Afrique noire*, La Côte–aux Fées, Groupes Missionnaires, 1992.

ENGEL, James F. & FRASER, David A., *Leadership. Rendre productive la force humaine*, Colorado, Development Associates International, 1998.

EZEMADU, Reuben, *Missions and you, Discipling the Nations,* Ibadan, 1978.

FARELL, Y.R., *William Carey*, Paris, Publication de la Fédération des Eglises Evangéliques Baptistes de France, 1984.

FERRIS, Robert W., *Renewal in Theological Education. Strategies for Change*, Wheaton, Billy Graham Center, 1990.

FOSTER, Richard, *La Prière. À la découverte de la vraie demeure du cœur*, Deerfield, Vida, 1995.

GLOVER, Robert, *Mission on the Move in the Local Church,* 1989.

GRAENDORF, W.C., *Introduction to the Biblical Christian Education*, Chicago, Moody Press, 1981.

GREENWAY, Roger S., *Introduction à la mission chrétienne*, Cléon d'Andran, Excelsis, 2000.

HIEBERT, Paul G., *Mission et Culture*, Saint-Légier, Emmaüs, 2002.

HILDEBRANDT, Jonathan, *History of the Church in Africa*, Achimota, Africa Christian Press, 1996.

ISCH, Jean, *Jusqu'au bout du monde*, Cléon d'Andran/St-Légier, Excelsis/Emmaüs, 2000.

JOHNSTONE, Patrick, *Flashes sur le Monde*, Marne-la-Vallée/La Bégude-de-Mazenc, Farel/CLC, 1993.

JOHNSTONE, Patrick & MANDRYK, Jason, *Operation World*, Carlysle, Paternoster, 2001.

KANE, J. Herbert, *A Concise History of Christian World Mission. A Panoramic View of Missions from Pentecost to the Present*, Grand Rapids, Baker, 1998.

KAYSER, John, *Development of Competence-Oriented Missionary Training. Planning Creative and Contextually-Sensitive Missionary Training Programs*, Bloomington, 2003.

La Sainte Bible, Version Louis Segond, Édition revue avec références, Alliance Biblique Universelle, Korea, 2001.

MATUNGULU, Otene, *Pour inculturer accueil et pauvreté en Afrique*, Kinshasa, Éditions Saint Paul Afrique, 1988.

Méthodologie catéchétique pour l'enseignement primaire, Bujumbura, Bureau d'Évangélisation, 1985.

MOREAU, A. Scott & NETLAND, Harold & VAN ENGEN, Charles, eds., *Evangelical Dictionary of World Missions*, Garand Rapids, Baker, 2000.

MUGARUKA, Mugarukirangabo, *Problème de l'inculturation du message chrétien au Zaïre. Approche théologique et pastorale*, 2ᵉᵐᵉ éd., Bukavu, 1985.

MUZUNGU, Bernardin, *Le Dieu de nos pères. Tome II. Une réflexion théologique sur les données de la religion traditionnelle du Rwanda et du Burundi*, Bujumbura, Presse Lavigerie, 1974.

NEHLS, Gerhard, *La polémique entre l'Islam et le Christianisme*, Cotonou, Centre de Publications Évangéliques, 2002.

NEHLS, Gerhard, *L'Islam tel qu'il se voit lui-même, tel que d'autres le voient, tel qu'il est*, Cotonou, Centre de Publications Évangéliques, 2002.

NIDA, Eugène A., *Coutumes et Cultures*, Lavigny, Groupes Missionnaires, 1984.

OSUALALE, Peter Popoola, *Practical Evangelism & Missions. Basic Principles of Evangelism*, Ibadan, 2000.

Peace House, *Comprendre le concept et la condition de discipulat. Un recueil d'études bibliques du programme de discipulat*, traduit et adapté par Action Missionnaire Interafricaine (AMI), Ouagadougou, s.d.

PEARLMAN, Myer, *Aux sources de la Vérité Biblique*, Miami, Vida, 1981.

Petit guide d'anthropologie, Nairobi, SIL, 1977.

ROWEL, John, *Magnify your Vision for the Small Church*, Northside Community Church, Abidjan, Presses Bibliques Africaines, 1999.

The New Bible Dictionary, Leister, Intervarsity Press, 1980.

THIESSEN, Henry C., *Guide de doctrine biblique. Fondement d'une vie nouvelle*, Lennoxville, Éditions Parole De Vie, 1999.

VAN ENGEN, Charles, *God's Missionary People. Rethinking thePurpose of the Church*, Grand Rapids, Baker, 1997.

WIHER, Hannes, *L'Evangile et la Culture de la Honte en Afrique Occidentale*, mission scripts 21, Bonn, VKW, 2003.

WILLIAM, J. Martin, *The Church in Mission. Evangelizing, Worshiping, Fellowshipping, Discipling*, Springfield, Gospel Publishing House, 1986.

B. ARTICLES ET DIVERS

BOYAKA, Inkomo, « Théologie et Culture », *Revue Zaïroise de Théologie Protestante* n°2, Janvier, 1988.

DOUGLAS, J.D., « Paul », *The New Bible Dictionary*, Leicester, Intervarsity Press, 1980, p. 943.

DUBIED, P.L., « Repenser la Catéchèse », *Études Théologiques et Religieuses* 63, 1, 1988.

MASAMBA MA MPOLO, « L'impact de la religion africaine sur la psychologie et la pastorale des Églises chrétiennes d'Afrique », Colloque International de Kinshasa du 9-14 janvier 1978, Kinshasa, Faculté de Théologie Catholique de Kinshasa, Centre d'Études des Religions Africaines, 1979.

TCHIBANGU, T., « L'Afrique noire et le christianisme », Colloque International de Kinshasa du 9-14 janvier 1978, Kinshasa, Faculté de Théologie Catholique de Kinshasa, Centre d'Études des Religions Africaines, 1979.

C. THÈSES, MÉMOIRES ET TRAVAUX DE FIN DE FORMATION

GATERA, Simon Pierre, « Enseignement théologique dans l'Église. Cas de l'Association des Églises de Pentecôte du Rwanda (A.D.E.P.R.) », Mémoire de Graduat, Institut Supérieur de Théologie Évangélique au Kivu, Bukavu, 1987.

GATERA, Simon Pierre, « Catéchèse et culture dans les Églises Protestantes au Rwanda », Mémoire de Licence, Faculté de Théologie Protestante du Zaïre, Kinshasa, 1989.

KASONGA WA KASONGA, « Toward Revisioning Christian Education in Africa: A Critical Reinterpretation of Hope and Imagination in Light of African Understanding of Muoyo », Ph.D. Diss., Princeton, 1988.

MENGI, Kilandamoko Kuntukula, « Évangélisation missionnaire protestante face à la culture kongo. L'enracinement de l'Évangile dans une culture », Thèse de doctorat, Université Laval, Québec, 1982.

NSENGUMUREMYI, Vincent, « L'éducation traditionnelle au Rwanda et son impact sur la famille actuelle, une éducation à l' « ubupfura » (noblesse du cœur), en milieu culturel et familial rwandais », Thèse de doctorat, Université Pontificale, Rome, 1983.

D. COURS

Centre Missionnaire du Sahel, « Cours abrégé de Mission Mondiale », Version pour les « cultures orales » incorporée à la « version écrite », Ouagadougou, 2004. Texte en ligne accessible sur www.wearesources.org/publications.aspx et www.missiologie.net.

Centre Missionnaire du Sahel, « Investi pour servir », Cours dispensé à l'Institut Missiologique du Sahel, Ouagadougou, 2004.

Centre Missionnaire du Sahel, « Leadership », Cours dispensé à l'Institut Missiologique du Sahel, Ouagadougou, 2004.

GRAY, Joel, « Une introduction à la missiologie », Cours dispensé à l'Institut Missiologique du Sahel, Ouagadougou, 2004.

JACOBSSON, Per-Olof, « Doctrines chrétiennes », Cours dispensé au Centre de Formation des Cadres (CEFOCA), Gitarama, 1993.

KASONGA WA KASONGA, « Questions approfondies en Catéchétique », Cours dispensé en 2ème Licence à la Faculté de Théologie Protestante au Zaïre, Kinshasa, 1989.

MENGI, Kilandamoko Kuntukula, « Catéchétique », Cours dispensé en 1ère Licence à la Faculté de Théologie Protestante au Zaïre, Kinshasa, 1984.

INDEX DES SUJETS

Marc : L'Expérience

comment l'évangile de Marc peut vous aider à mieux connaître Jésus

par
Andrew Page

Vous pouvez apprendre l'ordre des évènements de chacune des six sections de l'évangile de Marc en seulement dix minutes ! Cela vous paraît exagéré ? Dans ce survol passionnant de l'évangile de Marc, Andrew Page vous montrera comment améliorer votre mémoire et réchauffer votre coeur. Imaginez ce que votre compréhension de la vie et du ministère de Jésus pourrait vous apporter !

Si vous êtes à la recherche d'une nouvelle approche de l'évangile de Marc et si vous avez vraiment envie d'être aidé par l'évangile dans votre adoration et dans votre expérience de Jésus, ce livre, Marc : l'expérience, est pour vous.

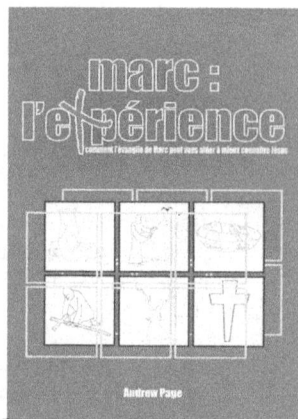

http://www.themarkexperiment.com

107 pages ▪ € 9.50
ISBN 978-3-937965-93-2

VTR Publications ▪ Gogolstr. 33 ▪ 90475 Nuremberg ▪ Allemagne
info@vtr-online.com ▪ http://www.vtr-online.com